数学教学理论与创新模式研究

余晓瑜 著

辽宁科学技术出版社

·沈阳·

图书在版编目（CIP）数据

数学教学理论与创新模式研究 ／ 余晓瑜著.—沈阳：
辽宁科学技术出版社，2023.4（2024.6重印）
ISBN 978-7-5591-2910-9

Ⅰ.①数… Ⅱ.①余… Ⅲ.①中学数学课—教学研究—高中 Ⅳ.①G633.602

中国国家版本馆 CIP 数据核字（2023）第 028979 号

出版发行：辽宁科学技术出版社
　　　　　（地址：沈阳市和平区十一纬路 25 号　邮编：110003）
印　刷　者：沈阳丰泽彩色包装印刷有限公司
幅面尺寸：185mm×260mm
印　　张：6.75
字　　数：150 千字
出版时间：2023 年 4 月第 1 版
印刷时间：2024 年 6 月第 2 次印刷
责任编辑：高雪坤
封面设计：博瑞设计
版式设计：博瑞设计
责任校对：闻　洋

书　　号：ISBN 978-7-5591-2910-9
定　　价：58.00 元

编辑电话：024-23284360
邮购热线：024-23284502
http://www.lnkj.com.cn

前　言

　　随着课程改革的不断深入，我国教育事业飞速发展，教学质量和效率也显著提升。数学作为一门重要的基础性课程，具有高度的抽象性、严密的逻辑性和广泛的应用性，对学生思维的开发及后继课程的学习发挥着重要作用。在新课标理念的指导下，转变传统的教学模式，使学生在掌握数学知识的前提下学会创新，显得尤为重要，也是适应新时代要求的需要。

　　本书从数学教学现状出发，探讨了不同的教学方法和学习方法的应用及效果，旨在为数学教师的教学和学生的学习提供一定的参考，为教学现状的改变进行探索。

余晓瑜

2022 年 12 月

前　言

目　录

第一章　数学学科导论

　　数学是一种人类对事物的抽象结构与模式进行严格描述的通用手段，可以应用于现实世界的任何问题，所有的数学对象本质上都是人为定义的。从这个意义上讲，数学属于形式科学，而不是自然科学。不同的数学家和哲学家对数学的确切范围和定义有一系列不同的看法。

第一节　数学学科的内涵

一、数学学科的性质

　　为了深入了解高中数学学科的性质，我们可以从对数学学科本身的分析入手，从以下 3 个方面来系统解读数学学科的性质。

　　第一，数学学科是一门严密的理论科学，它以数学概念为基石，以数学定理为主干，建立了经典数学与现代数学及其各分支的严密的逻辑体系。

　　第二，数学学科是一门定量的精密科学。从数学概念转变为数学公式开始，它利用种种数学表述手段为理论与实践（实验）开辟道路，使数学学科的结论可随时被加以严格检验。

　　第三，数学学科是一门带有方法论性质的科学。数学从它的早期萌芽到近现代发展，都以丰富的方法论和世界观等充满哲理的数学思想影响着人们的思想和观点，影响着社会思潮和社会生活，因此数学曾被称为"自然哲学""科学方法论的典范""辩证唯物主义哲学的科学基础""现代科学哲学的支柱"等。

　　通过对数学语义学的分析，我们可以得出如下认识：数学是一门研究数量、结构、变化以及空间模型等概念的学科，通过抽象化的逻辑推理的使用，在计数、计算、量度和对物体形状及运动的观察中产生。而高中数学课程是以集合、命题、算法为基础，以数学现象、数学概念和规律、数学过程及方法为载体，以科学探究为主线，以提高学生科学素养为基本目标的基础性课程。

对"数学"一词的系统解读说明，在高中教育阶段，数学课程的构建应着力让学生经历从问题到数学、从生活到数学的基本认识过程，经历归纳、总结、推理、演绎的科学探究实践，注重数学学科与其他学科的交叉融合，使学生的科学素养得到全面的提高。这就决定了高中数学教学不仅应注重科学知识的传授和技能的训练，注重将数学的新成就及其对人类文明的主要影响等纳入课程，而且还应重视培养学生终身学习、科学探究的能力和创新意识以及科学精神。

因此，高中数学的学科性质就是让学生充分学习数学知识和技能，让学生经历归纳、总结、推理、演绎的基本科学探究过程，使学生浸润于科学态度与科学精神的熏陶，以提高学生的科学素养，促进学生理性思维能力的发展。

二、数学学科的文化价值

（一）数学是促进人类思想解放的先导

在远古时代，人们相信自然界中的一切现象（包括人的生命和命运）都是由天神操纵的。由于数学在古希腊的兴起和繁荣，人类第一次从数量和逻辑运算的角度来看待世界，从而得到了一种定量的、精确的、逻辑的描述方式，这是人类历史上数学第一次促进了人类思想的解放与进步，它使人类的理性得到觉醒，冲破了宗教的束缚，树立了全新的数理自然观，即相信自然界是有秩序的，是按数学方式设计的，深信人的智慧可以探索自然界的规律并预知将会出现的事态。

随后，欧洲人从柏拉图的著作中了解并马上接受了"自然是按数学方式设计的"这一自然观，为了与神学中上帝创造了宇宙这一说法相协调，他们将其染上了一层神学的色彩，即"上帝是按数学方式设计大自然的"。于是寻找大自然的数学规律便成了一项虔诚的宗教工作，科学研究便是探索上帝的本性，以及上帝安排宇宙的方案。数学成了宇宙的真理，成了一切知识的基础，这便是人类历史上数学第二次促进了人类思想的解放和进步。

19 世纪 30 年代，非欧几何（非欧几里得几何）的诞生引发了数学第三次促进人类思想的解放和进步，非欧几何的出现直接推动了数学的研究对象从人类的直接经验向人类悟性的自由创造物的转化，使人们认识到数学的研究对象不是只限于我们直接从经验中得到的数量关系和空间形式，而必须包括各种各样的人类悟性的自由创造物。正是对这些"自由创造物"的研究，伽罗华为探求纯数学方程的解而创立了当时最抽象的代数学，使得 20 世纪通信事业的迅速发展成为可能。

非欧几何为爱因斯坦的相对论提供了合适的数学框架，这更使人们确信，数学作为一种文化、一种思想，有着描述世界和解释世界的超前作用，它能够必然地走在其他科学文化的前面，成为其他科学文化乃至整个人类思想解放和进步的先导。正如齐民友先生所总结的："数学作为文化的一部分，其永恒的主题是'认识宇宙，也认识自己'。在这个探索过程中，数学把理性思维的力量发挥得淋漓尽致。它提供了一种思维的方式与模式，提供了一种最有力的工具，提供了一种思维合理性的标准，给人类的思想解放打开了道路……数学深刻地影响人类的精神生活，可以概括为一句话，就是它大大地促进了人类思想的解放，丰富和提高了人类的整体精神水平。"

（二）数学是打开科学大门的钥匙

培根曾指出："数学是打开科学大门的钥匙……轻视数学必将造成对一切知识的损害，因为轻视数学的人不可能掌握其他科学和理解万物。"回顾科学发展的历史，一些划时代的科学理论的出现，无一不借助于数学的力量。

哥白尼认为，托勒密的地心说在数学上不够精彩、不够简洁，而且他确信上帝既然按数学方式设计了大自然，那么这个宇宙必然是和谐而简洁的。就是在这种追求自然界在数学上是完美的理念的驱使下，他成功地把宇宙的中心由地球移至太阳，使宇宙的结构大为简化。

开普勒深信："数学事物是构成自然事物的原因。因为上帝造物主开天辟地时就带来了数学事物——对考察物质的数量进行最简单、最神圣的猜想而得来的原型。"从而在寻找宇宙和谐的数学关系上，他发现了行星运动三大定律。

近代科学之父伽利略认为，宇宙这部大书是用数学语言写成的。如果不懂数学，人们只能在一个黑暗的迷宫里劳而无功地游荡着，他提出了一个具有重大而深远哲学意义的思想：世界万物彼此呈现出的差异，只是数学结构多样性的体现，数学形式的无限性是质的差别的根源。

科学巨人牛顿在其《自然哲学的数学原理》一书中，从题目到结构再到内容，无不体现着一种数学精神。

美国的柯马克和英国的洪斯费尔德运用数学上的拉东变换原理设计了 CT 层析仪，这一人体层析摄影技术造福了千千万万的人。数学家冯·诺伊曼指出："数学处于人类智能的中心领域""数学方法渗透、支配着一切自然科学的理论分支……它已愈来愈成为衡量成就的主要标志"。

（三）数学是科学的语言和思维的工具

数学的文化特征决定了数学必然成为科学的语言和思维的工具。在科学研究中，运用数学语言的好处是十分明显的。

首先，数学语言可以摆脱自然用语的多义性，用符号来表示科学概念具有单义性、确定性，在推理过程中容易保持首尾一致，不至于因为发生歧义而造成逻辑混乱。

其次，符号语言简洁明确，便于人们进行量的比较，从量的方面对事物的某种数量级做出直接的判断，对所研究的问题能做出比较清晰的数量分析，如光在真空中传播的速度为 3×10^8m/s，天文学中的距离单位是光年（光在真空中一年内传播的距离），那么 1 光年则可表示为 9.46×10^{15}m。在科学研究中，需要对这些巨大的或非常微小的数字进行计算，如果仅靠日常的自然语言是难以进行表达的。也正是数学符号语言的运用，才使得有关科学研究成为可能，且科学结论的表述如此简洁明了，如：经典力学所适应的一切动力学变化全部都归结为几个简单的数学方程；在生物学中，孟德尔把排列组合关系用于表示生物遗传性状的出现规律，建立了遗传学说。

如今，社会的数字化程度日益提高，数学语言已成为人类社会中交流和储存信息的重要手段。不仅初等数学的语言正在普及，而且高等数学（微积分、线性代数、概论统计等）的一些概念、语言也正在越来越多地渗透到现代社会生活的各种信息系统中，而现代数学的一些新概念（算子、泛函、拓扑、张量、流形等）则开始在大量科学技术文献中出现，逐渐发展成为现代的科学语言。

（四）数学是促进经济发展的"技术"

美国科学院院士格尔姆说："数学对经济竞争至关重要，数学是一种关键的、普遍适用的，并授予人以能力的技术。"今日的数学不仅具有科学的品质，同时也具有技术的品质。在大量高新技术中，起关键作用的正是数学。数学不是只在重大的社会生产实践中发挥重要作用，即便是在普通的社会生活中也有着重要作用。衣、食、住、行是社会生活的基础，其中就有许多可用得上数学的地方，反过来也对数学提出了新的问题。制作衣服并进行大规模生产时，便出现了许多数学问题，例如下料时，如何使边角废料最少。

社会经济生活方面也离不开数学。常见的有利率、汇率、各种期货及黄金交易、债券、贴现率等，这些方面应用的数学知识虽然很简单，但是它们同整个经济有密切的关系，而且它们的变化趋势及同各种经济因素的关系也是相当复杂的。特别是在经济学与数学的结合上，经济学中经常需要用数学模型来表达经济学语言。

第二节　数学学科的教学目标

一、知识与技能

掌握数与运算、方程与代数、图形与几何、函数与分析、数据整理与统计概率、实用数学、三角变换、参数方程与极坐标、空间向量及其应用、数学模型、数学史等版块的基础知识。

积极体会数学思想方法在进行数学思维和解决问题中的作用，进一步体验化归、数形结合、分类讨论、分解与组合等基本数学思想，掌握坐标法、参数法、逻辑划分与等价转换等基本数学方法。能够按一定规则和步骤进行计算、画图和推理，能够通过听、说、写进行数学交流，在数学学习中进行自我规划、查阅资料、调控和改进，具备使用函数型计算器及简单数学软件等进行数学运算的基本技能。

二、过程与方法

通过对数学学习的过程、数学思想和数学方法运用的体验，培养逻辑推理能力、运算能力、空间想象能力、探究能力、应用能力、创新能力、研习能力、批判思维能力、自我调控能力、交流与合作能力，掌握关于数学探索和应用的基本方法。

三、情感态度与价值观

懂得数学是人类文化的重要组成部分，对世界数学文化有一定了解并持包容态度。懂得数学与人类生活有密切的联系，知道数学对个人发展和社会发展都有重大作用。形成正确的学习动机，提高学习数学的兴趣，增强学习数学的自信心和自觉性，积极进取，勇于克服困难。对现实世界中的数学现象具有好奇心，会从数学的角度发现和提出问题，主动进行探索、研究。对来自各方面的丰富信息，会从社会价值和数学价值的角度进行分析、判断、选择和应用。

通过积极参与数学学习和解决问题的活动，逐步增强主体意识、批判意识和合作意识，形成数学的应用意识和综合意识，培养批判性思考的习惯、一丝不苟的作风和锲而不舍的精神，有一定的数学视野，了解社会发展和数学发展之间的相互作用，知道数学内容中普遍存在着的运动、变化、相互联系和相互转化的规律，加深对辩证唯物主义观点的体验。

第二章　中学数学课程理论基础

第一节　基于课程论的中学数学

一、中学数学课程目标

（一）确定中学数学课程目标的依据

1. 国家的教育方针和基础教育的任务

教育的宗旨是为社会培养人才，社会在一定时期内对人才的总要求集中反映在教育方针和其他相关政策的制定方面。教育方针决定着教育的性质、目标及实现其目标的根本原则。我国社会主义建设时期的教育方针是教育必须为社会主义现代化服务，必须同生产劳动相结合，培养德、智、体、美、劳全面发展的建设者和接班人。这个方针确定了我国教育系统应该把青少年培养成什么样的人才这个总目标，各级、各类学校都必须以这个总目标为依据，结合学校自身的特点来确定各自的具体培养目标。按照我国的规定，基础教育包括九年制义务教育和后续的高中教育。义务教育是一种全民基本素质教育，应突出体现基础性、普及性和发展性。高中教育仍然是培养公民素质的基础教育，但受教育普及面的限制，目前还不能遍及全民，因而暂不具备义务教育那样的普及性，至于基础性和发展性，则体现出更高层次的要求。基础教育的共同任务是根据国家的教育方针，为现代社会培养符合基本素质要求的劳动后备力量，为高一级学校输送合格的新生力量。

2. 数学的特点和作用

为了实现上述基础教育课程的培养目标，各分科课程必须依据自身的特点和作用确定各自的具体目标。对数学的特点应从两个角度来认识。数学既可以看作是人类进行数学活动的结果，又可以看作是人类进行数学活动本身。作为数学活动的结果，指的是已经成熟的数学理论。它的基本特点是：严谨的逻辑结构，形式化的抽象内容，精确、简洁、通用的数学语言。由这些基本特点还派生出了数学的一些其他特性。比如，由数学的严谨性派生出数学独特的逻辑系统性特点，由数学内容的形式化抽象性派生出数学应用的广泛性等。数学活动实质上就是指数学思维活动。因此，数学活动的特点即指数学思维活动的特点，尤其是创造性数学思维活动的特点。数学思维活动的第一个显著特点，就是思维对象的抽象性以及思维过程中抽象方法的特殊性。数学思维的对象不是客观存在的事物本身，而是形式化了的思想材料。比如"点""自然数""方程""函数"等，就是数学思维的思想材料，客观世界中并没有这样的实物。数学活动过程中抽象方法的特征是逐级抽象（层次性）和逻辑建构。比如，数、式、函数、关系等思维对象是经逐级抽象，依次由前一个对象得到的。所谓逻辑建构即指借助于明确的定义构造出相应的量化模式，而量化模式完全舍弃了实际背景的具体意义，只剩下纯粹的形式结构。

数学思维活动的第二个特点是，严谨与非严谨相结合。一切数学结论都是经过严谨的逻辑建构或逻辑论证的，逻辑建构和逻辑论证的过程属于数学思维活动。但是，数学思维活动远不只是单一的逻辑建构或逻辑论证过程，它还包括数学结论的发现过程以及寻求逻辑建构或逻辑论证途径的过程。在这些过程中需用到直觉、顿悟、似真推理、审美感、形象思维以及制定策略、发散探索等非严谨的数学思维活动。任何一个善于创造成果的数学家，其数学思维活动必然是严谨与非严谨的结合，由非严谨思维活动产生新的想法，设计新的策略，从宏观上把握新的数学理论，然后才是严谨的逻辑建构或逻辑论证。

数学思维活动的第三个特点是，自然语言与数学符号语言相结合。在进行严谨的逻辑建构或逻辑论证时，使用数学符号语言；在进行非严谨的创造思维时，自然语言和数学符号语言结合使用。如果按数学活动的 3 个阶段的划分来分析语言使用的情况，那么可以这样认为：在经验材料的数学组织化阶段，其任务是将自然语言转化为数学符号语言；在数学材料逻辑化阶段，其任务是数学符号语言的逻辑建构；在数学理论应用阶段，其任务则是把数学符号语言又翻译成自然语言。

总之，在数学思维活动中，这两种语言相互交替、结合使用，其中的核心是数学符号语言。数学的上述特点是我们研究数学教育的一个重要基础，在考虑数学课程目标时，必须以它为依据，它决定着在哪些方面可以培养和发展学生的基本素质。除了数学的特点外，数学的作用也是确定数学课程目标的重要依据。数学和数学教育的作用在我国新制定的《普通高中数学课程标准（实验）》的前言中有简明的阐述："数学是研究空间形式和数量关系的科学，是刻画自然规律和社会规律的科学语言和有效工具。数学科学是自然科学、技术科学等科学的基础，并在经济科学、社会科学、人文科学的发展中发挥越来越大的作用。数学的应用越来越广泛，正在不断地渗透到社会生活的方方面面，它与计算机技术的结合在许多方面直接为社会创造价值，推动着社会生产力的发展。数学在形成人类理性思维和促进个人智力发展的过程中发挥着独特的、不可替代的作用。数学是人类文化的重要组成部分，数学素质是公民所必须具备的一种基本素质。""数学教育作为教育的组成部分，在发展和完善人的教育活动中、在形成人们认识逻辑的态度和思想方法方面、在推动社会进步和发展的进程中起着重要的作用。在现代社会中，数学教育又是终身教育的重要方面，它是公民进一步深造的基础，是终身发展的需要。数学教育在学校教育中占有特殊的地位，它使学生掌握数学的基础知识、基本技能、基本思想，使学生表达清晰、思考有条理，使学生具有实事求是的态度、锲而不舍的精神，使学生学会用数学的思考方式解决问题、认识世界。"

3. 学生的认知和心理特征

基础教育的对象一般是六七岁至十八九岁的儿童和青少年，他们正处在身体的发育期和智、情、意发展的重要时期。不同年龄阶段，他们的认知和心理特征是有较大区别的，但符合一定的发展规律。就一般的心理特征而言，他们都具有可塑性大、上进心强、求知欲旺盛、精力充沛、脑神经反应快且灵活等特点，但他们的思想情感容易波动，缺乏克服困难的信心与毅力，缺乏实践经验，而且年龄愈小，这些问题愈突出。从认知特点来看，这些问题集中表现在思维发展的阶段性特点方面。

根据皮亚杰的研究，青少年思维发展经历了感知运动、前运算、具体运算和形式运算 4 个阶段。小学阶段儿童的思维，一般属于具体运算思维，但已初步掌握了逻辑思维，能对具体事物的群集运算结构进行综合分析，掌握逻辑概念的内涵和外延。中学阶段青少年的思维，则属于形式运算思维，即命题运算思维，这种思维形式可以在头脑中把形式和内容分开，可以离开具体事物，根据假设来进行逻辑推演。我国心理学者的研究也表明，小学阶段儿童思维的基本特点是，从以具体形象思维为主要形式过渡到以抽象逻辑思维为主要形式，但整个小学期内思维仍带有明显的具体性。中学阶段青少年思维的基本特点是，整个中学阶段思维能力迅速地得到发展，他们的抽象逻辑思维处于优势的地位，但初中生属于经验型，高中生属于理论型。

学生的上述认知和心理特征必然影响和制约着数学课程目标的制定。一方面，考虑到学生思维发展的阶段性，我们的数学课程目标也应是分阶段的，不同阶段的数学课程目标应与学生可能的发展水平相适应。另一方面，考虑到学生可塑性大，智力发展有潜力，在同一个教育阶段又可以提出某些有弹性的要求。

（二）中学数学课程目标分析

1. 义务教育阶段数学课程目标

这一阶段的数学课程目标分为 3 个层次：总体目标、学段目标、各大块数学内容的具体目标。其中，总体目标是通过义务教育阶段的数学学习，使学生能够获得适应未来社会生活和进一步发展所必需的重要数学知识（包括数学事实、数学活动经验）以及基本的数学思想方法和必要的应用技能。初步学会运用数学的思维方式去观察、分析现实社会，去解决日常生活中和其他学科学习中遇到的问题，增强应用数学的意识。体会数学与自然及人类社会的密切联系，了解数学的价值，增进对数学的理解和学好数学的信心。具有初步的创新精神和实践能力，在情感态度和一般能力方面都能得到充分发展。

在总体目标的框架下，再把学段目标 4 个方面的要求按 3 个学段分别进行分解，进一步具体化。而在数学内容目标中，则在每个学段按数与代数、空间与图形、统计与概率、实践与综合应用四大块，细列出每一项内容的具体目标。3 个层次的目标构成一个完整的目标体系。这里有几点值得注意：

（1）关于目标体系的总体理解。目标体系是一个有机总体，它包含了 4 个方面，既体现了数学素质教育的全面要求，又体现了数学活动结果与数学活动过程统一的数学教学要求。知识与技能目标属于对数学活动结果的认知目标，数学思考、解决问题以及情感与态度3个方面的目标属于对数学活动过程的认知以及情感目标，也可把它们统称为过程性目标。知识技能目标与过程性目标合并起来，就是对整个数学活动的教学要求。

（2）关于具体目标的层次与水平的体现。在目标体系中，就知识与技能目标而言，不同的知识或技能，对学生的要求不尽相同。同一项知识或技能，在不同学段对学生的要求也是不同的，这种对学生要求的不同就体现出目标的层次性。为了刻画知识与技能目标的层次性，课程标准使用了"了解（认识）、理解、掌握、灵活运用"等目标动词，这4个动词刻画的目标层次依次由低到高，具体含义为：了解（认识）——能从具体事例中，知道或能举例说明对象的有关特征（或意义），能根据对象的特征，从具体情境中辨认出这一对象；理解——能描述对象的特征，能明确地阐述此对象与有关对象之间的区别和联系；掌握——能在理解的基础上，把对象运用到新的情境中；灵活运用——能综合运用知识，灵活、合理地选择与运用有关的方法完成特定的数学任务。

就过程性目标来说，不同的数学活动过程对学生的要求不尽相同，同一（或类似）数学活动过程，在不同学段对学生的要求也不相同，这种对学生的不同要求体现出数学活动水平的高低。为了刻画过程性目标所体现出的数学活动水平，课程标准使用了"经历（感受）、体验（体会）、探索"等目标动词，这几组动词体现出的过程性目标水平也是依次由低到高，具体含义为：经历（感受）——在特定的数学活动中，获得一些初步的经验；体验（体会）——参与特定的数学活动，在具体情境中初步认识对象的特征，获得一些经验；探索——主动参与特定的数学活动，通过观察、实验推理等活动发现对象的某些特征或与其他对象的区别和联系。

2. 普通高中数学课程目标

与义务教育阶段数学课程接轨的普通高中数学课程，其课程目标在我国的课程标准中有明确的规定。高中数学课程的总目标：使学生在九年义务教育数学课程的基础上，进一步提高作为未来公民所必需的数学素养，以满足个人发展与社会进步的需要。具体目标如下。

（1）获得必要的数学基础知识和基本技能，理解基本的数学概念、数学结论的本质，了解概念、结论等产生的背景和应用，体会其中所蕴含的数学思想和方法，以及它们在后续学习中的作用。通过不同形式的自主学习、探究活动，体验数学发现和创造的历程。

（2）提高空间想象、抽象概括、推理论证、运算求解、数据处理等基本能力。

（3）提高用数学思维提出、分析和解决问题（包括简单的实际问题）的能力，数学表达和交流的能力，发展独立获取数学知识的能力。

（4）发展数学应用意识和创新意识，力求对现实世界中蕴含的一些数学模式进行思考和做出判断。

（5）提高学习数学的兴趣，树立学好数学的信心，形成锲而不舍的钻研精神和科学态度。

（6）具有一定的数学视野，逐步认识数学的科学价值、应用价值和文化价值，形成批判性的思维习惯，崇尚数学的理性精神，体会数学的美学意义，从而进一步树立辩证唯物主义和历史唯物主义世界观。

随后，在内容标准中分知识块详细地提出要求。关于这一课程目标，有几点值得注意：第一，高中数学课程目标与义务教育阶段数学课程目标在陈述形式上有区别。前者分总体目标、具体目标以及各项数学内容的具体要求，后者分总体目标、学段目标和各大块数学内容的具体目标。其实，数学内容的具体目标与具体要求本质相同，只不过是用词不同。至于义务教育有学段目标，这是必要的，因为3个学段的课程内容虽是整体统一设计的，但要求是逐段提高的。第二，两个课程标准对课程目标领域的划分有区别。义务教育阶段数学课程目标划分为知识与技能、数学思考、解决问题、情感与态度4个方面，且又将其归并为两大目标——知识与技能目标和过程性目标。普通高中数学课程目标则划分为知识与技能，过程与方法，情感、态度与价值观3个方面。这种区别其实也不是实质性的，大同小异而已。第三，两个标准中使用的目标动词也不尽相同。义务教育阶段数学课程标准使用"了解（认识）、理解、掌握、灵活运用"四级刻画知识与技能目标的层次性动词，高中数学课程标准则将这一目标分成"知道/了解/模仿、理解/独立操作、掌握/应用/迁移"三级，并在每一级中列出刻画该水平的多个行为动词。义务教育阶段数学课程标准使用"经历（感受）、体验（体会）、探索"三级刻画数学活动水平的过程性目标动词，高中数学课程标准则将过程与方法分成"经历/模仿、发现/探索"两级水平，并在每一级中列出刻画该水平的多个行为动词，另外再将情感、态度与价值观分成"反应/认同、领悟/内化"两级，并同样列出刻画相应水平的多个行为动词。

总体来说，高中数学课程目标与义务教育阶段数学课程目标虽有某些提法不同，但体现出的实质精神是一致的，即都是全面反映数学素质教育的要求，充分体现数学教学是数学活动的教学这一现代数学教学观念。

二、中学数学课程内容

（一）影响中学数学课程内容的因素

1. 社会方面的因素

教育是一种社会现象，它作为社会大系统的一个子系统，必然要受到社会诸因素的影响，在影响课程发展的诸多因素中，社会因素是影响最大的因素。

（1）社会生产的需要。在古代，数学是生活、生产的产物。当时的数学只是一些简单的测量和计数法，数学是作为一种有助于解决各种实际问题的技术而传授给后代的。后来，由于思辨的需要，人们赋予数学以一定的逻辑内容，把数学作为训练学生思维的工具。直到6世纪中叶，由于社会生产基本上是以自给自足的小农经济为主，生产力的发展水平决定了对数学的需求极为有限，数学课程的内容一直很简单。第一次技术革命后，资本主义机器大工业生产代替了手工业生产，促使社会对劳动者数学知识的要求相应提高，数学课程不仅成了主科，内容也有了相应发展。在当今社会，数学在生产领域的应用越来越广，这就要求数学课程的内容做相应的调整和改变，以适应这种发展的需要。近20年来，国内有关学术团体曾先后组织了几次"社需"调查。结果表明，中小学数学课程中的传统内容在今后仍占有重要地位，但其中有些内容可以适当删减、削弱，同时应增加一些近代和现代数学初步知识，课程内容应有不同的层次，属于共同需要的部分可作为必修内容，只有某些领域需要的部分则可作为选修课或课外活动小组的内容。这些结论将是我国今后数学课程改革的重要依据。

（2）科学技术的发展。其在两方面影响着数学课程的内容：一是科学技术越发展，应用数学的程度越高，人们就越需要通过教学才能掌握其他的科学和技术，数学课程就应当反映这一点。二是科学技术的发展直接或间接地影响着数学课程内容的改变。课程只能吸收最有价值的科学成果，而随着科学技术的发展，最有价值的标准也随之改变了，这是对数学课程内容的直接影响；随着科学技术的发展，现代教育技术与学科课程结合，也会引起课程内容的改变，这是对数学课程内容的间接影响。

（3）政治经济因素。这是制约数学课程的最根本因素。例如，我国现阶段实施九年制义务教育，初中数学课程就必须服务于培养合格公民这一总目标。

（4）社会文化、哲学思想的影响。数学是人类文化的一部分，数学课程必然要基于本国的文化背景和国情。此外，从课程理论的产生背景分析，各种课程理论都是在一定的哲学思想指导之下提出的。

2. 数学本身的因素

随着数学科学的发展，新的数学理论被不断充实到中学数学课程中，影响着数学课程内容。欧氏几何的诞生，大大地冲击了其出现前的数学课程，一直到 18 世纪还不能动摇其在学校数学课程中所占的重要地位。19 世纪末至 20 世纪初，数学有了很大发展，欧氏几何在学校数学课程中的地位开始动摇，数学课程内容有了很大的变化。20 世纪，数学教学内容产生了惊人的变化。集合论成为各个学科的共同基础，纯粹数学转向研究基本的数学结构，数学抽象化的势头越来越强，分科越来越细，数学的内在联系揭露得越来越深。电子计算机进入了数学领域，大大推进了数学的发展。应用数学像雨后春笋一样蓬勃发展。数学的这些发展，直接或间接地影响着中学数学课程。现代数学的一些初步思想、内容和方法渗透到中学数学中，成为中学数学课程的有机组成部分，这是直接影响。由于高等数学课程改革，现代数学的基础课程逐渐替代古典高等数学课程，这种趋势必然导致中学数学课程做相应的变革，这是间接影响。

3. 教育方面的因素

（1）教育理论的发展。新的教育理论是课程改革的动力之一，每一时期的课程内容及其体系安排都是由相应的课程理论决定的。例如，20 世纪 60 年代，布鲁纳提出结构课程理论，西方国家的"新数学"就是按这种理论建构起来的。在当今，"以人为本""素质教育""创新教育""建构主义"等教育理论，又是我国新一轮数学课程改革的重要指导思想，新的数学课程标准和实验教材中都有上述理论的反映。

（2）教师水平的改善。课程教材是教师教学的依据，教师是把课程内容转化为学生个体的知识经验的直接指导者，教师只有清晰地、深刻地理解课程标准和教材，才能真正贯彻实施课程的理念，加强教学的主动性。因此，教师的水平影响着中学数学课程内容的落实，这表现在两个方面：①教师的知识水平。教师从事数学教育，其知识水平必须达到一定的要求。目前，我国的中学数学课程中逐渐增加了一些现代数学的初步知识和一些计算机科学方面的知识，相当一部分教师由于长时期没有接触这些内容，对它们感到生疏，教学时心中无底。为了适应课程改革的需要，近几年来国内开展了大规模的在职教师培训工作，而且在今后还将继续开展这种在职培训，以使教师在接受终身教育的过程中不断提高自己的知识水平。②教师的教学水平。课程设置中，不仅课程内容的选择要与教师的知识水平相适应，而且课程内容的体系安排也要与教师的教学水平相适应。一般来说，教师的教学体系（经过处理后的知识体系）不同于课程教材中的知识体系，教师教学水平的高低决定了教材的知识体系转化成教学体系的难易。因此，在设计数学课程内容的体系安排上，应尽可能考虑一般教师的教学水平，以便有利于教师对内容做教学法加工，有利于实际教学。

（3）学生水平的发展。中学数学课程的服务对象是学生，学生主要是通过教材来获取知识的。因此，学生也是影响中学数学课程内容的重要因素。具体来说，涉及以下 4 个方面：①学生已有的知识水平。影响学习的最重要的因素是学生已经知道的东西。在设计课程时，需要仔细地考虑学生所具有的与新的学习任务相结合的概念和技能。学习的顺利进行受背景知识的强烈影响。②学生的思维水平（能力水平）。课程教材是学生学习的依据，因此，在安排数学课程时，应考虑各年龄段的学生思维发展水平，既不能超出学生的思维发展水平，又不能迁就学生的接受能力。③学生的认识兴趣。兴趣是成功之母，学生的认识兴趣能大大促进其学习效果。所以，要让学生学好数学，首先要激发学生的学习兴趣，而激发学生学习兴趣的最有效办法，就是让其对学习材料本身感兴趣。因此，在课程内容的选择和呈现方式上，应考虑学生的认识兴趣，加强趣味性，激发学生学习数学的兴趣。④学生的认知特点。教学实践和实验表明，学生的认知结构有其固有的特点。如果课程内容和编写顺序符合学生的认知特点，无疑能促进其学习效果。

影响数学课程内容的因素除了以上3个大的方面以外，还有数学课程的历史因素。中学数学课程有其发展的历史，至今已经历过多次改革。但是，这些改革都是渐变的过程。每次新的数学课程都是在原有数学课程的基础上做相应的变革而产生的。因此，现在的中学数学课程内容必须继承传统数学课程内容的精华，去其糟粕，更新观念，适当增添适应社会发展需要的新内容。

（二）选择中学数学课程内容的原则

1. 基础性原则

这一原则指的是选择的中学数学课程内容应是数学科学的基础知识。什么叫数学基础知识？这是一个没有确切定义需要辩证地分析和理解的概念。它通常指的是数学科学的初步知识，即在理论上、方法上、思想上是最基本的知识，而不是指数学科学的逻辑基础。根据基础教育的培养目标，中学生必须掌握的数学基础知识应该包括以下几方面：第一，作为现代社会每一个合格公民都应具备的基本素质，包括最初步、最基本的数学知识；第二，为基础教育阶段学习相邻学科提供工具的数学知识；第三，为进入高等教育阶段的学生进一步学习打基础的数学知识。

从以上关于数学基础知识的描述可以看出，数学基础知识的概念是相对的、发展的。因此，中学生应该掌握哪些数学基础知识不是一成不变的，而是随着数学自身的发展、随着其他科学和技术的发展以及社会对人才要求的变化而发展、变化的。例如，20世纪50年代初期中学还有算术，到60年代，算术全部下放到小学，中学则增加了平面解析几何的内容。20 世纪 70 年代后期开始，原来作为高等教育数学基础课之一的微积分中的部分基础内容，也被列为中学数学学习范畴。近百年内才发展起来的概率统计学的一些简单知识，由于在现代生产中经常用到，也被放到中学学习。进入 21 世纪后，概率统计的一些初步观念，已经提前放入小学学习。中学数学基础知识的内容和范围都有了新的进一步变化发展。应注意的是，数学基础知识还应包括数学中常用的基本的数学思想和方法。因此，根据这一原则选择数学课程内容时，不仅要考虑选用数学中的哪些概念、法则、公式、公理、定理，还要关注这些内容反映出来的数学思想和方法。

2. 应用性原则

这一原则指的是中学数学课程内容应精选那些在现代社会生活和生产中有着广泛应用的数学知识。数学本来就源于人类社会的生活和生产实际。在古埃及、古巴比伦、古代中国和古印度等古代文明国家，由于人们生活和生产的需要，最早产生了数学的一些初步知识。数学的发展历程，虽然不能说无处不与人类生活或生产相关，但总体来说，最根本的动力依然是社会的需要。而且今日数学应用的广泛性，已使它渗透到了现代社会的各个角落，几乎无处不用数学，无人不用数学。基础教育阶段数学课程的目标之一，就是要让学生逐步认识数学的应用价值，发展数学应用意识，并能运用数学知识分析和解决简单的实际问题。因此，在确定数学课程内容时，应从有利于落实这一课程目标考虑，选择适于学生在相应学段学习的数学建模、数学实验以及数学应用等方面的课题，同时还要提供抽象数学概念、法则、公式、公理、定理等数学基础知识多样的、丰富的背景材料。这也是体现数学应用性原则的一个重要方面。

3. 可接受性原则

这一原则指的是所选择的中学数学课程内容应与中学生的认识水平和接受能力相适应。根据这一原则，中学数学课程的内容必须难易适中，有一定的深度和广度，不论是必修还是选修的内容，既要确保学生能达到课程目标体系中预定的具体目标，又要适当留有余地，有利于学生追求更高目标，使得每一个学生尽可能地实现最高的发展目标。

4. 教育性原则

这一原则指的是中学数学课程应该选择对发展学生的数学思维和数学能力、形成学生辩证唯物主义世界观有重要作用的数学知识。同时还要求体现数学的文化价值，即数学课程应适当反映数学的历史、应用和发展趋势，体现数学对社会发展的推动作用、数学的社会需求、社会发展对数学发展的推动作用、数学科学的思想体系、数学的美学价值、数学家的创新精神。数学课程应帮助学生了解数学在人类文明发展中的作用，逐步形成正确的数学观。

5. 衔接性原则

这一原则指的是选择的中学数学课程内容应与本学科已学内容以及后继应学习的内容、所选内容之间，与有关的相邻学科之间相衔接。数学是一门系统性很强的科学，中学只是学校教育的一个阶段，前有小学教育，后有大学教育。因此，必须使小学数学、中学数学、大学数学衔接为一个和谐的有机整体。中学数学内容又涉及数学的多个分支学科，无论是分科编排或是综合编排，都要注意各分支内容的相互联系与知识的综合运用。在中学教育阶段，物理、化学等自然科学的学科要以数学作为工具，因此，数学内容还必须与物理、化学的内容互相配合、协调一致。

6. 灵活性与统一性相结合的原则

这一原则指的是选择中学数学课程内容时，既要考虑到国家规定的所有中学生都必须达到的基本要求，又要有弹性，满足学生的不同数学要求，照顾不同地区的差别。根据这一原则，义务教育阶段的初中数学课程可以在统一课程目标的前提下，允许有多种适合于不同地区的数学教材；在高中阶段，数学课程则可以由必修课程和选修系列课程组成，其中，必修课程满足所有学生的共同数学需求，选修系列课程满足就业意向或升学方向各异的学生的不同数学需求。

7. 可行性原则

这一原则指的是选择的中学数学课程内容经过实践检验，应该被证实在中学教学计划规定的时间内，绝大多数学校能够按教学要求完成教学任务，达到课程目标。根据这一原则的要求，当课程内容需要做较大调整时，必须先试行一段时间，经验证确实可行后，才能正式实施。

第二节　基于心理学的中学数学

一、数学知识的学习

（一）数学知识的有意义学习过程

1. 数学认知结构

认知是认知心理学理论中的一个中心概念，它是为了一定的目的在一定的心理结构中进行的信息加工过程，其心理活动包括感知、记忆、思维、想象、判断、推理、解决问题、形成概念以及语言使用等。对数学教学而言，认知也可以说是掌握数学知识与技能的过程，其中包括知识的学习、记忆与提取以及知识技能的运用，简言之，包括获取数学知识与运用数学知识的过程。认知结构是人们在认知过程中组织起来的经验的整体。人们接触外界事物，获得对外界事物的经验，从而形成关于该事物的概念、单个概念或若干个概念以及有关的认知因素按一定关系联结起来的构想，即所谓的认知结构。数学认知结构就是人们头脑里的数学知识，按照自己理解的深度和广度，结合自己的认知特点，组合成的一个具有内部规律的整体结构。数学认知结构是数学知识结构和学生的心理结构相互作用的产物，是学生大脑中已有的数学知识、经验经自主建构而形成的。因此，认知结构不同于它所包含的知识结构，学习同一数学知识的不同学生所形成的数学认知结构可能不同。

数学认知结构既可以是学生头脑里所有数学知识、经验的组织，也可以是特殊数学知识内容的组织。每一个数学概念都可形成一个认知结构，它又是构成更复杂认知结构的基本成分。由于数学知识的逻辑性、层次性，人们的数学认知结构同样有一个层次的阶梯，最高层次是由所有数学知识经验有机结合而成的认知结构，不同层次的内容逐渐分化成不同层次的数学认知结构，如代数认知结构、有理数认知结构等。良好的数学认知结构在教学上有两个显著的功能。首先，它能使已学的知识得到完整的认知，一旦完整的认知结构形成了，学生获得的将不再是支离破碎的知识系统。例如，学习有理数的概念、四则运算及有关知识时，先将其中各项目之间的内在联系稳固地建立起来，学生有了这样一个完整的认知结构，在考虑关于有理数方面的问题时，就能获得他们所需的一切知识。其次，它是继续学习新的数学知识、创造性地解决数学问题的基础和有力工具。例如，学习解整式方程必须以多项式的因式分解的认知结构为工具，没有它，解一元二次方程时广泛用到的十字相乘法就用不上，也不可能建立这种方程的求根公式。

人类的认知过程是力求认知与现实的平衡。为了求得平衡，人们在认知过程中将经验转换成适合新情况所需的认知结构。数学认知结构正是按照适应的需要来发展的。适应有两个途径：顺应（也称调节或调整）与同化。顺应是改变自己原有的认知结构以适应新的情况，同化则是融合新的情况于现存的认知结构之中。在适应的过程中，如果同化起主要作用，则过程容易完成。例如，把菱形同化到平行四边形，把直角三角形两锐角之和为 90°同化到三角形内角和定理。如果是顺应起主导作用，则过程要困难得多。原因在于：第一，如果面临的新情况是学生凭他们的生活经验易于理解的，他们情愿保留现有的认知结构而抗拒做出改变来适应新情况；第二，要建立一个新的认知结构并使原来的认知结构为其一部分，需要做出很大努力，而且往往要克服一系列的困难才能完成。

2. 获得意义时新旧知识的相互作用

对于个体来说，数学知识的有意义学习，就是数学知识获得意义并保存下来的过程。在新知识的学习中，认知结构中原有的适当观念起重要作用，它与新知识相互作用，将新知识固定到认知结构的适当部位，使有潜在意义的新观念转化为实际的心理意义，同时原有的认知结构也发生变化。

（二）获得数学概念的心理分析

从新旧知识相互作用的过程来说，获得概念就是新概念的内容同原有认知结构相互作用，形成新的认知结构的过程。根据新概念与原有认知结构中的相关知识的作用方式的不同，获得数学概念可分为归属学习、总括学习、并列结合学习 3 种类型。这里我们从心理活动过程方面做一些分析。获得数学概念，或称掌握数学概念，实质上就是掌握一类事物的共同本质属性，使符号代表一类事物而不是代表特殊事物。具体地说，就是能够辨别概念的本质属性和非本质属性，能够概括表示为定义，能够举出概念的正反例子，并能由抽象回到具体，运用概念解决有关问题。学生获得概念有两种基本的方式：概念形成与概念同化。奥苏伯尔详细分析了这两种形式所包含的不同心理过程。我们结合数学概念的特点来分析学生用这两种方式获得数学概念的不同心理过程。

1. 概念形成

学生从大量具体例子出发，从他们实际经验的肯定例证中，以归纳的方式概括出一类事物的共同的本质属性，从而获得概念的方式就是概念形成。以概念形成的方式获得数学概念的心理活动过程大致可分为如下几个阶段。

（1）观察概念的不同正面实例。教学中的实例大多是由教师提供的，是学生自己生活经验中所感知过的事物，例如，要形成平行线这一概念，可举出一段铁路上两条笔直的铁轨、黑板的上下边缘、直走的拖拉机两后轮留下的痕迹等实例，给学生以平行线的形象，还可以在黑板上画出平面内一对平行直线可能出现的各种位置关系，带领学生一起观察图形。

（2）分析各实例的属性，并综合出各实例的共同属性。比如，上例中各实例的共同属性有可抽象地看成两条直线、两直线处于水平位置、两直线间距离处处相等、两直线没有交点、两直线可以向两边无限延伸等。

（3）抽象出各实例的共同本质属性。严格地说，这一阶段还只是提出一个本质属性的假设。如上例中在同一平面内两直线没有交点、在同一平面上两直线之间的距离处处相等。

（4）比较正反实例，确认本质属性。可举出平行直线、相交直线和异面直线的例子，确认并强化本质属性，排除非本质属性。

（5）概括出概念的定义。把本质属性从具体的实例中抽象出来，推广到一切同类事物并给出概念的名称，概括出概念的定义。这时还需要进一步区分各种本质属性的从属关系，找出关键的本质属性作为概念的定义，上例中可以选取"同一平面内两直线不相交"作为平行线的定义。

（6）用习惯的形式符号表示概念，如平行线用符号"∥"表示。通过举出概念的实例或在一类已知事物中辨认出概念的实例或运用概念解答数学题等各种方式实际运用概念，使学生完成由抽象到具体的认知活动，自觉地把所学的概念及时纳入相应的概念体系中，使有关概念融会贯通形成整体结构。概念形成是以学生的直接经验为基础，在教师指导下自行发现数学概念的本质属性的一种有意义学习。它对学生的心理水平要求不高，但比较耗时。因此，这种方式较适合抽象层次较低，处于概念体系的基础核心位置的少数重要概念的学习。

在概念形成的学习过程中，起主要作用的智力活动方式是观察、分析综合、抽象概括、比较、形式化和具体化。其中观察、分析综合是基础，抽象概括是关键。学生能否在观察分析的基础上抽象出概念的本质属性并概括出定义，是这种学习方式成败的关键，也是区分学生的学习是否为有意义学习的关键点。部分学生由于没有成功地进行抽象概括，或因抽象概括能力不强而不能进行抽象概括，只好死记定义成为机械学生。为了提高学习的质量，教师应注意选择那些刺激性强、典型、新颖的实例，引导学生进行深入细致的观察，进行科学的抽象和概括，避免非本质的属性得到强化，还应及时引导学生对新旧概念进行精确区分、分化，以形成良好的认知结构。

2. 概念同化

利用学生认知结构中原有的概念和知识经验，以定义的方式直接向学生揭示概念的本质属性，从而使学生获得概念的方式叫概念同化。以概念同化方式获得数学概念的心理活动过程大致可分为如下几个阶段。

（1）观察概念的定义、名称和符号，揭示概念的本质属性。

（2）对概念进行特殊的分类。讨论各种特殊情况，进一步突出概念的本质属性。

（3）把新旧概念系统化，把新概念同化到原认知结构中。

（4）辨认、比较正反实例，确认新概念的本质属性，使新概念与原有有关概念精确分化。

（5）具体应用概念。通过各种形式运用概念，使学生进一步加深对新获得的概念的理解，完成由抽象到具体的认识过程，使有关概念融会贯通形成整体结构。

概念同化是以学生的间接经验为基础，以数学语言为工具，直接接受和理解教师（或教材）所提供的概念的定义、名称和符号的一种有意义学习。它要求学生具备较为丰富的知识经验，并具有积极思维的能力和较高的心理活动水平，比较省时，是学习一般数学概念的最主要方式。在概念同化的学习过程中，起主要作用的智力活动方式是观察、分类、系统化、比较、具体化，其中系统化是关键。学生能否在观察新概念的定义、名称和符号的基础上，明确新旧概念内在的关系并精确分化，建立起与原有相关概念的联系，融合到原有认知结构之中形成一个新的知识系统，是学习成败的关键。这种学习必须以新概念对学生构成潜在意义为前提，否则不能构成有意义学习。在实际教学过程中，无论是在初中还是在高中，都不能单纯使用某一种方式来学习概念。只用概念形成方式来学习，显然时间上不允许，而仅用概念同化方式来学习，由于数学概念的高度抽象性和概括性的特点，学生也难以把握形式化的数学概念背后的丰富材料，难以把握概念的本质属性。况且，概念形成中的智力活动是开发学生智力、提高学生数学素养的有效途径。因此，教学中应综合使用两种获得概念的方式，扬长避短、互相补充，使教学效果达到最佳状态。

（三）掌握数学定理的心理分析

为了方便起见，我们可以人为地把掌握数学定理的过程划分为两个阶段。首先是相应命题意义的获得，这一阶段的学习与概念的获得相似，只是复杂程度明显增加。因此，有关获得概念的心理分析对获得命题意义也是大致适用的。其次是定理的证明，数学解题包含解证明题，即定理证明这样一种特殊类型。因此，有关数学解题教学的心理分析对数学定理证明也是基本适用的。这里我们仅针对掌握数学定理的特殊性做一些分析。

1. 获得命题意义的心理分析

获得命题意义其实质就是新命题的内容同原有认知结构相互作用，形成新的认知结构的过程，获得命题意义的过程同样可用新旧知识相互作用的有意义学习理论来解释。这里只对获得命题意义的心理活动过程做一些分析。奥苏伯尔根据学习进行的方式，把学习分为发现学习与接受学习两种方式。因此，有意义学习可分为有意义的发现学习与有意义的接受学习。发现学习与接受学习的学习条件、心理活动过程和它们在认知功能中的作用均有不同，概念形成属于发现学习，而概念同化属于接受学习。

（1）命题发现。命题发现是学生通过具体例子发现命题从而获得命题意义的一种学习方式。命题发现包括如下几方面的心理活动：首先，观察具体例子并辨别正反例子的特征（实际教学时，往往是先明确学习任务，再进行观察）；其次，进行抽象概括，提出有关结论的假设；再次，进一步观察正反实例，检验与修正假设；最后，发现结论，形成命题。

（2）命题接受。命题接受是把命题的内容以定论的形式呈现给学生，学生结合实例接受新知识，获得命题意义的一种学习方式。命题接受包括如下几方面的心理活动：首先，观察新命题，并在认知结构中找到同化新知识的原有有关观念；其次，分析新知识与原有起固定作用的观念的相同点，将新知识纳入原有认知结构之中；再次，分析新旧知识的不同点，使新旧知识与原有观念之间有清晰的区别，发展原有认知结构；最后，结合观察实例（或证明）获得命题的完整意义。例如，学习平行线的判定定理，在教师讲述或用教科书直接向学生呈现这一命题后，学生便在认知结构中找到平行线的定义，并分清判定定理与定义之间的相同点（都是揭示平行线概念的本质属性）和不同点（各自反映的侧重面不同），使原有关于平行线的认知结构获得发展。最后，结合教师或教科书提供的具体例子或证明过程，学生获得了这一命题的完整意义。为了使命题的接受过程进行得顺利，学生必须先掌握构成命题的有关概念。平行线判定定理中包括"平行线"与"三线八角"的有关概念。若学生认知结构中已获得了相关概念，就能较容易地同化这一新命题，若学生认知结构中的相关概念模糊不清，甚至是错误的，或者根本不存在，则会带来机械记忆命题的危险，甚至无法将学习过程继续下去。

与概念学习一样，命题发现有利于培养学生发现性方面的能力，而命题接受则有利于学生快速获取数学命题。在实际教学过程中，往往要把这两种学习方式搭配使用，充分发挥它们各自的作用，促进数学教学质量的全面提高。对于命题（定理）的理解有一个逐步深入的过程。理解具有不同的层次，无论是命题接受还是命题发现，获得命题意义都只是初步的，随着命题的证明（成为定理）与定理的广泛应用，学生对命题的认识将会更加全面、准确、深刻，由于命题意义的获得与概念的获得具有相似性，获得命题意义的智力活动方式与影响其学习的主要因素都大致相同，这里不再赘述。

2. 数学定理证明的心理分析

从记忆网络激活的扩张模式来看，证明的机制就是学生在论题的刺激下，记忆网络中某些知识被激活，并且不断地沿着界线向外扩展，依次激活相应的知识。学生对被激活的知识进行选择、组织，经过推理又激活了新的知识并扩展开来。如此不断地继续下去，直到在定理的条件和结论之间出现了通道，建立了严密的推理关系为止。这里知识被激活是通过感知、识别、回想等心理过程来实现的，是指学生在感知论题后，在论题的前提和结论的刺激下，经过识别、辨认其有关特征，回忆起已有认知结构中与之相关的知识。

在证明过程中，以下几个因素影响证明能否顺利完成。

（1）思路点的准确性。记忆网络中首先被激活的那些节点，叫作思路点。思路点是证明的开始，它决定着证明的方向。如果思路点正确，那么就能形成下一步该做什么的正确期望，在正确期望的指导下就能进一步搜寻到有用的信息，从而形成指导进一步行动的新的正确期望的可能，如此继续，就有可能在前提与结论之间找到一条通道。反之，如果思路点不准确，那么就会形成不正确的期望，在不正确期望的指导下，搜寻到的信息很可能都是无用的，这样就难以在前提与结论之间形成通路。

（2）扩展力。扩展力是指记忆网络中各节点之间的激活能力。扩展力反映在量和质两个方面。量的指标是指一个节点能够激活其他节点的个数。质的指标是指由一个节点激活其他节点的正确性、清晰性。如果扩展力愈强，那么被激活的知识就愈多、愈正确，就愈能满足信息的选择、组织和推理的需要。

（3）推理能力。证明是由一系列推理组成的，从心理学的角度来看，推理的作用就是使记忆网络中的节点之间发生逻辑联系。推理能力强的学生，就能对处于意识状态之中的知识迅速进行排列组合，推理出新的结论，激活新的节点，并能不断继续下去，直到定理的条件与结论之间出现通路。因此，推理能力是影响证明的重要因素。

（4）证明的方法与思考的方法。证明方法与思考方法的作用在于使学生产生某种有效的期望，使他们据此去有计划地搜寻信息，激活思路。例如，运用综合法思考证明途径，学生就是从前提形成的期望出发激活思路点；采用分析法寻求证明途径，学生就是从结论形成的期望出发去激活思路点；采用分解或扩充的思考方法，学生可从新旧图形之间的联系出发去激活思路点。是否熟练地掌握各种证明方法和思考方法，也是影响学生能否顺利进行证明的重要因素。

二、数学技能和数学解题心理的学习

（一）数学技能的形成

1. 技能的含义

技能是通过练习而形成的顺利完成某种任务所必需的活动方式或心智活动方式。这里的"活动方式"是指一系列外部可直接观察到的操作的有序组合方式。"心智活动"则是指借助于内部语言在头脑中进行的认知活动，包括感知、记忆、想象和思维等，但以抽象思维为主要成分。技能是习得的，表现于迅速、精确、流畅和娴熟的身体运动之中。

数学技能是在数学学习过程中通过练习而形成的顺利完成数学任务的一种活动方式或心智活动方式。例如，根据运算法则进行运算，运用圆规、直尺、量角器、三角板等工具画图，使用计算器或计算机进行推理、论证等。这些活动方式都是数学技能，有了一定的数学技能，就能准确、协调、熟练地进行数学活动。数学技能是一种复杂的技能，它含有较多的认知成分。因为数学技能在所要完成的数学任务中的认知成分较多，所以完成这种数学任务不能单纯地依靠肢体动作，还需配以心理活动的指导。例如，解方程的技能就不是一种单纯用手书写的活动。这种用手书写的活动包括活动的程序都需要大脑根据具体情况进行调节与控制，还需要数学技能与一定的数学知识相联系，表现为一定的数学知识的运用。多项式运算的技能与多项式的概念及其运算法则相联系，表现为多项式的概念及运算法则等知识的运用。证明三角形全等的技能与三角形及其全等的知识相联系，表现为三角形全等的判定等有关知识的运用。

数学技能具有连贯系统性，表现为一系列局部技能的恰当组合。一项新技能的形成往往依赖于原有相关技能的发展水平。例如，复数代数形式的运算技能以多项式的四则运算技能为基础，复数的这种运算技能表现为实部运算、虚部运算、对分母中复数的处理等一系列局部技能的恰当组合。中学数学中有关的数学技能范围很广，可以说，凡是有学生参加、有数学活动的地方都有数学技能的体现。在中学数学中要求学生掌握的基本数学技能是能算（数的计算、式的变形、解方程等），会画（运用作图工具作图、绘制图表等），会推理（逻辑论证中的简单推理、归纳、类比推理等）。我们按技能本身的性质和特点将数学技能分为动作技能和心智技能两大类来讨论。

在一项任务中，所涉及的一系列实际动作，以合理的、完善的方式组织起来并顺利进行，就是动作技能。它表现为一系列可直接观察到的肢体动作，如运用工具绘图的技能、测量的技能、使用计算工具的技能等。在认识特定事物、解决具体问题过程中，一系列心智活动以某种合理的、完善的方式进行，就是心智技能。它表现为一系列不可直接观察到的大脑活动，如数的计算技能，式的恒等变形的技能及推理、论证的技能，运用数学方法的技能等。这两种数学技能既有区别又有联系，在数学活动中既有各自的功能，又必须联合发挥作用。例如，解方程 $7x+5=4x-14$，一方面学生头脑中需要按移项、合并同类项、x 的系数去除方程两端的程序和步骤完成心智活动；另一方面需要用手按同样的程序和步骤在纸上完成实际动作。前者调节、控制后者，后者体现、反映前者，二者互相结合，共同完成解这个方程的任务。

2. 形成数学技能的心理分析

技能形成的实质就是一系列的刺激与反应的联结的形成。

（1）数学动作技能的形成过程。数学动作技能的形成过程一般可分为如下 4 个阶段：①认知阶段。即教师讲解示范，学生认真倾听和观察，然后记忆、想象的阶段。学习重点是注意应予反应的线索。这一阶段的学习也称为知觉学习，学生认知的内容包括知识和动作两方面。学生要了解与某种数学技能有关的知识性能与功用，了解动作的难度、要领、注意事项及过程。例如，要形成解整式方程的技能，在认知阶段就要通过感知教师（或课本）的讲解示范，了解整式方程、移项、合并同类项、分解因式等概念以及相应的操作，了解解整式方程的步骤等。②分解阶段。即教师把数学技能所包含的整套动作分解成若干个局部动作，让学生逐个学习。学习重点是使适当的刺激与反应形成联结。以上述解整式方程的技能为例，整套动作可分解为移项、合并同类项、分解因式、求解等4个局部动作，学生在这一阶段就是逐个学习（或复习），掌握这些动作，形成相应的刺激与反应的联结。③动作定位阶段。在掌握分解动作的基础上，将整套动作的顺序通过多次练习和局部动作的协调固定下来。学习的重点是建立动作连锁。例如，学生分别掌握了解整式方程的4个局部动作后，通过练习协调这些动作，组成一个有顺序的整体。④自动化阶段。使全套动作达到自动化的程度，根本不用考虑每一个局部动作及其组合，无须特殊注意和纠正，而是全套动作融为一体自动地完成。学习重点是熟练性训练。例如，学生在解整式方程时，根本不用有意识地考虑这一动作是移项还是合并同类项，而是自觉地知道怎样做，整套动作融为一体，相当熟练，这时就称已掌握了解整式方程的技能。

动作技能的形成，是一系列局部的实际动作的掌握（或回顾），并将它们连接成完整的外部动作系统，使各动作之间的互相干扰现象逐渐减少直至消失的过程。它表现为动作速度的提高和准确性、协调性、稳定性、灵活性的加强，表现为视觉控制的减弱和动作控制的增强，表现为基本动作的自动化和动作紧张的消失。

（2）数学心智技能的形成过程。数学心智技能的形成过程也大致分为以下4个阶段：①认知阶段。让学生了解并记住与技能有关的知识及事项，形成表象，了解活动过程和活动结果。在这一阶段实际上是知识学习，为形成技能奠定知识基础，并为形成外部技能的活动及其结果定向。例如，要形成用待定系数法分解因式的技能，必须先了解多项式因式分解的含义、多项式恒等定理，以及了解用待定系数法分解因式的步骤等知识。②示范、模仿阶段。学生在教师的示范下，领会与理解某项数学心智活动，并根据教师的示范模仿进行该项数学活动。③有意识的口述阶段。学生进行某项数学心智活动时自己进行言语表述，往往是边说边做，完成这项活动是在有意识的言语指导下进行的。这一阶段的主要标志是学生不再依靠具体模式表象的依托就能应用待定系数法进行因式分解运算，并且由教师的言语指导转化成了学生自己的言语指导。学生在做课堂练习时明显地表现出这一阶段的特征。④无意识的内部语言阶段。学生完成某项数学心智活动时，不再需要有意识的言语指导，而是刺激与反应几乎同时发生，即学生完成该项数学心智活动时达到了熟练的程度。也就是说，在后继的学习活动中，一旦遇到类似的数学活动，就能立即进行运算，运算过程的进行和运算法则的应用完全自动化了，这就标志着该项数学心智技能已经形成。

心智技能的形成是一系列心智活动的领会并将它们连接成内部心理活动系统，内部言语趋于概括化和简约化的过程。它表现为思维的敏捷性、灵活性的提高和思维的深度、广度、独创性等品质的改善，表现为心智活动和内部言语的熟练化，表现为主体意志的减少。

（二）数学解题教学的心理分析

1. 数学解题过程

要了解学生解题的心理过程并不容易，但对于数学教学来说这又是非常重要的。对于问题解决的复杂过程，许多研究者从不同角度、用不同方法进行了研究和探索，提出了各自不同的模式，企图将这一过程清晰地呈现出来。

（1）杜威的模式。美国心理学家杜威早在 1910 年就提出了解决问题过程的 5 步模式：感觉疑难、确定疑难（识别问题）、提出可能的答案（假设）、考虑各种结果（检验）、选择解答的方法（包括应用）。

（2）纽威尔和西蒙的模式。纽威尔和西蒙用计算机模拟模型研究人类解决问题的思维过程，提出了以信息处理系统说明问题解决的心理过程模式：问题（刺激）→接纳者（神经系统）→处理者（策略程式）→记忆（短时记忆、长时记忆）→处理者（策略程式）→作用者（动作技能）→解答（反应）。

（3）奥苏伯尔和鲁滨逊的模式。奥苏伯尔和鲁滨逊以几何问题解决为原型，提出了一个解决问题的模式。这个模式不仅描述了解题的一般阶段，而且指出了原有认知结构中各成分在解决问题过程中的不同作用，为培养解决问题的能力指明了方向。这个模式表明，解决问题一般要经历下述 4 个阶段：①呈现问题情境命题。②明确问题的目标与已知条件。③填补空隙过程。这是解决问题过程的核心，学生看清了已知条件和目标之间的空隙或差距，并运用有关命题背景推理规则和策略，努力缩小、填补问题的固有空隙。④解答之后的检验。问题一旦得到解决，通常会出现一定形式的检验，查明推理时有无错误、空隙填补的途径是否最为简捷等。

（4）波利亚的模型。著名数学家、教育家波利亚曾以数十年时间醉心于研究数学方法论和数学教学，在他著名的"怎样解题表"中提出了解决数学问题的4个步骤：弄清问题、拟订计划、实现计划、回顾。结合现代教学理论与心理学的研究成果，较一致的观点是把解题过程分成4个阶段：理解问题、制订解题计划、完成解题计划、回顾。

2. 数学解题过程的心理分析

学生在解数学题时，我们能看到题目和他们给出的解答结果。从解答中我们可以了解学生在解题过程中应用的一些已有的知识和方法，但我们不能从所给的解答中完全了解实际的解题过程。当我们在观察其解题过程时也可看到学生的一些行为反应以及情绪反应，有时还见到他们自言自语，可见从学生接受问题到提供解答结果之间，其心理活动和思维活动是相当复杂的。目前已有大量实验和理论研究探讨这些复杂的心理过程且对解题行为已有一定的了解。这里我们仅对解题过程中的两个重要环节做简要的心理分析。

（1）理解问题的过程。解题的第一步是理解问题。当学生面对一个数学问题时，首先阅读它，通过感知题目的条件和目标，在头脑中形成有关问题初始状态的表象（问题表象），现代认知心理学家把这一过程称为问题表征。表征是解题的一个中心环节，它说明问题与学生认知结构中的哪些知识相联系，在头脑里如何呈现，如何表现出来。

（2）解法发现过程。对于开拓—探究式题目，尽管学生能建立正确的表征，也有可能解决不了，这取决于学生是否能找到一个合适的解题方法。在数学学习过程中，这些问题对于学生而言，都是合理的、可解的。也就是说，解题过程中所需用到的知识和运算都是在学生的记忆中可以找到的。即使这样，学生也还要经过相当多的搜索和发现过程，并且一般来说解决一个数学题，需要对已有的知识和运算进行新的联结。因此，解法发现过程也是一个相当复杂的过程，这个过程与学生认知结构中的知识经验基础和思维策略水平紧密相连，知识和策略是这一过程中的两个重要因素。

在解法发现过程中，有些问题一出现在我们眼前，就能通过问题的已知信息轻易地联想起相应的知识和解法程序。但另一些问题则不同，需要经历一系列的甚至艰苦的探索过程。探索的方式有试误式和顿悟式两种。所谓试误式是对由知识与策略的作用产生的解题途径进行尝试，纠正尝试中的错误，直至发现解题途径。这种方式在中学生中较为常见。所谓顿悟式是经过长时间的激烈思考，由于受到某种情境的启发而突然出现灵感，一个仿佛偶然的思想在心里瞬时冒了出来，问题便不知起因地得到了解决。顿悟式解题要求问题的初始状态和目标状态与学生的经验、认知结构有着非人为的、实质性的联系，这种联系建立得越牢固，顿悟越易产生，它是直觉思维能力在解题过程中的体现。试误与顿悟并不能绝对分开，在同一探索过程中，这两种方式常常交替进行、相互补充。波利亚的解题教学思想中，提出了一系列一般性的解题建议，正是为了减少试误，促使顿悟的产生，才形成了系统的解题计划。

三、数学能力的培养

学生数学能力的形成和发展需要在长期的实践活动过程中不断积累，教师在日常教学中应把培养学生的数学能力摆在一个重要位置，并主动去做，应坚持不懈地为学生创造条件，提供各种实践活动机会。下面分别探讨各种能力要素的培养途径。

（一）数学注意能力的培养

引起注意的因素包括客观相对强烈的刺激和主体的内在因素。最基本的因素是学生主体的内在学习动机和兴趣。因此，培养学生的数学注意能力的根本措施是想方设法强化学生的学习动机，培养他们对数学学习的浓厚兴趣。培养学生的数学注意能力，主要应培养学生内在的良好的注意品质。

1. 提高注意的广度和紧张度

注意的广度也叫注意的范围，是指在同一时间内意识能清楚地把握对象的数量。注意的紧张度就是注意的专注程度，是指心理活动对某个事物的高度集中，而同时离开其余的一切事物。注意的广度大、紧张度高就能较快地阅读学习材料，排除干扰，提高学习效率，而且能较好地把握数学问题的本质。在教学中要引导学生从整体上注意观察材料的结构，养成整体把握材料的习惯。

2. 提高注意的稳定性

注意的稳定性是指注意长时间地保持在感受某种事物或从事某种活动上。学生注意的稳定性与教学的内容和方法有关。教学中教师应根据学生的年龄特征，提供丰富多彩的教学内容，采用灵活多样的教学方法，充分调动学生学习的积极性和主动性，培养学生注意的稳定性。

3. 改善注意的转移和分配

注意的转移是指注意主动地从一个对象或活动转到另一个对象或活动上。注意的分配是指把注意指向不同的对象或活动。注意的转移力和分配力强，有利于学生快速、深刻、准确地把握数学问题，防止思维进入死胡同和出现丢三落四的现象，提高学习质量。

（二）数学观察能力的培养

学生的观察能力来自观察活动，在数学教学中，教学生观察虽然有困难，也很麻烦，但应该主动去做，去引导学生的观察活动。

1. 引导学生掌握正确的观察方法

教学中，教师应通过实例引导学生掌握正确的观察方法。如从整体到部分、再由部分到整体的观察方法；按照一定顺序，如从上到下、从左到右进行观察的方法；从特殊到一般的观察方法；结构观察方法等。

2. 注重培养学生的观察品质

第一，在教学中教师应引导学生主动感知，培养其观察的目的性。确立了明确的观察目的，才能使观察不被无关信息干扰，提高观察效率。第二，应注重实践检验，培养学生观察的客观性。通过实践检验，才能克服和消除观察中产生的错觉，保证观察的客观性。第三，应注意观察程序，培养学生观察的全面性。结合观察对象的组成特点和结构确定观察顺序，以保证通过观察反映出事物的全貌以及各个组成部分的相互联系。第四，应揭示事物的特征，培养学生观察的准确性。抓住了事物的特征才能认识事物本质，使观察结果与客观事物相符合。第五，应发掘隐含条件，培养学生观察的深刻性。只有进行深刻的观察，才能概括出事物的发展变化规律，达到观察的目的。

3. 促进学生养成良好的观察习惯

在教学中，教师应有意识地为学生提供观察素材，引导学生不断地进行观察，养成良好的观察习惯，应激励学生学会提问。问题从观察中来，想提问、肯提问、敢于提问正是促进学生深入观察的动力。概念教学中，教师可引导学生观察具体的感性材料，概括出概念的本质属性。命题及演算的教学中，教师可引导学生对条件和结论或式子进行观察，把握其特征，找到简捷的解题方案。

（三）数学记忆能力的培养

为了培养学生的数学记忆能力，提高记忆效果，数学教学应注意以下几个方面。

1. 要求学生明确记忆的目的和任务

研究表明，记忆的目的越明确，记忆就越牢固。因为明确了某知识的记忆任务，学生就形成了这种知识和原数学认知结构应建立密切联系的心理倾向，记忆的同化过程就进行得顺利。在数学教学中明确记忆任务，并不是一上课就把最终目标任务毫不保留地告诉学生，而是把最终目标任务进行具体加工，以当前任务的形式使学生明确。

2. 引导学生从集中注意做起

记忆与注意是紧密相关的，没有注意就不能记忆。因为瞬时记忆必须受到注意才能形成短期记忆，而长期记忆又是由短期记忆发展而来的，所以，只有对需记忆的知识集中注意，才能提高记忆的效果。

3. 要使学生透彻理解所记忆的内容并加以系统化

理解是使记忆牢固的前提，而概括数学知识使之系统化，则是在理解基础上的操作。系统化的材料便于在记忆中组成知识"块"，不仅可以增加短时记忆的容量，而且还适合储存在长期记忆里。

4. 督促学生合理安排复习与反复运用

数学记忆过程是导致意义获得的同化过程的继续，因此学习新知识后要进行适时、适量的复习与反复运用，通过复习使得记忆结构中新、旧知识的联系更加稳固，通过运用使这种联系更加深刻。事实上，通过反复运用来加深记忆正是数学记忆的重要特点，数学中的许多概念、定理、公式、法则、思想方法正是在反复运用中被逐步深入地理解，从而被牢固地记忆下来的。

5. 让学生掌握一套适合于自身的记忆方法，依靠指引保持对材料的记忆

长期记忆中的材料能在需要的时候被提取出来必须具备两个条件。首先是材料必须在记忆系统里可以得到，其次是在系统里的材料有办法接近和提取。对那些无法立即回忆的材料常依靠指引来提取。数学记忆中常以实物或实物的表象、图形或图像，逻辑层次关系，压缩语句等作为指引，这就形成了多种记忆方法，如逻辑记忆、块体记忆、对比记忆、简化记忆、形象记忆等。教学时，不宜要求学生机械地套用各种记忆方法，而应鼓励学生借鉴各种方法形成或创造一套适合自身的记忆方法。

6. 应注意培养学生良好的记忆品质

数学记忆在大多数情况下需要的是意义记忆。死记硬背解决不了多少问题，记住了数学概念、定理、法则不等于学好了数学。因此，在数学教学中应注意培养学生数学记忆准确、系统、深刻、灵活的优良品质。

（四）空间想象能力的培养

在中学数学学习中，空间想象能力主要包括熟悉基本的几何图形，能正确识图、画图，能借助图形来反映事物的空间形式及位置关系，能用语言或式子表达图形的空间形式及位置关系。培养学生的空间想象能力可从以下几个方面入手。

1. 使学生学好有关空间形式的数学基础知识

掌握平面图形的基本性质是理解空间图形性质的基础。掌握投影的基础知识是绘制和识读空间图形的基础。掌握数轴、坐标法、函数的图像轨迹、方程与曲线的概念等基本知识是数量关系想象空间形式的基础。因此，使学生扎实地学好这些基础知识是培养学生空间想象能力必须具备的先决条件。

2. 用对比和对照的方法进行教学

在教学中采用对比和对照的方法，有助于学生建立空间观念和数与图形的对应关系，从而培养学生的空间想象能力。例如，在立体几何教学中可由平面图形的性质类比猜想空间图形的性质，通过检验、修正、证明等环节确定了空间图形的性质以后，再与相应的平面图形性质对比，找出它们之间的异同。又如，在立体几何教学中，可将实物或模型与它们的直观图进行对照、分析，使学生理解图形中各元素的相互位置关系和度量关系的真实背景。在视图的教学中，可通过活动影片或幻灯片与视图进行对照，分析视图的性质。在解析几何教学中，可将数或式与图形对照，使学生理解各种曲线的性质。

3. 加强空间想象能力的严格训练

加强空间想象能力的严格训练是培养学生空间想象能力的有效途径，训练的形式和内容是多种多样的。例如，对实物进行观察、解剖、分析；根据直观图自制简易模型；绘制实物、模型的直观图；根据题目中的文字和符号画出表示题意的图形，然后想象该图形反映的模型；把空间图形（直观图）中位于某个平面内的局部图形分离出来，按真实的位置关系和度量关系单独画出来等。空间想象能力的培养不限于平面几何与立体几何，在代数、解析几何中也有充分的体现。教师教学时应重视数形结合，使学生能真正做到数学语言、数学表达式和图形之间互译，逐步完善和提高空间想象能力。

（五）抽象概括能力的培养

数学是按照抽象与概括方向发展的。学会了抽象与概括，学生就能较好地认识数学对象的本质和规律，从而由感性认识上升到理性认识，从生动直观上升到抽象思维。培养学生的抽象概括能力有以下几个途径。

1. 在循序渐进地学习数学知识的过程中，引导学生逐渐学会数学抽象概括的方法

几乎每一个数学概念、命题都是数学抽象概括的结果，几乎每一道数学题的解答都伴随数学抽象概括的过程。教师应高度重视数学科学这一特点，在指导学生循序渐进地学习数学基础知识时，应要求学生有意识地去领会、理解并逐步掌握数学抽象概括的基本方法，应教给学生相应的逻辑知识，培养学生的概念及命题抽象概括的能力和模式、方法抽象概

括的能力。

2. 教学中充分展现抽象、概括的思维活动过程，并要求学生独立地进行抽象概括的训练

教师在教学时应在形成概念、发现命题、建立公式、归纳法则、得出解题模式和方法的过程中充分展现其抽象概括过程。

3. 为学生创设独立进行抽象概括的机会并进行严格训练

只有通过严格的训练才能达到培养学生抽象概括能力的目的。教师应把握教学中的一切机会，对其进行严格训练。在概念教学中可引导学生从实例或具体素材中抽象概括出概念的本质属性；在命题教学中应引导学生从一类问题中抽象概括出定理、公式，完成由特殊到一般的概括过程；在解题教学中应要求学生从现实问题中抽象概括出具体的数学模型，抽象概括出一个问题的多种解题模式、方法；在学完一章一节内容之后，可要求学生进行知识体系、解题程序和解题方法的概括整理。这些训练对培养学生的抽象概括能力是十分有益的。

四、积极心理学在中学数学教学中的应用策略

在中学数学教学中运用积极心理学方法要求教师以开放、平等、尊重等多种心理来发现学生的潜能与闪光点，教师应该使用多种手段激发学生积极学习的心理情绪，使其从积极的角度来面对学习难题，让每个学生都能够在数学学习中重新找到乐趣，获得成功。因此，在中学数学教学中应用积极心理学要有效落实"以生为本"的教学新思想。笔者从尊重学生的思维与认知、多开展探究活动、开展激励性教学评价 3 个层面，讨论积极心理学在中学数学课堂中的应用策略。

1. 尊重学生的思维与认知

要想真正利用积极心理学在中学数学教学中的积极作用，教师就必须要尊重学生的思维与认知特点，并在此基础上开展教学活动，才能够引起学生的学习兴趣。积极心理学认为，教师应该尊重学生的思维特点与认知水平，研究学生的"最近发展区"，这是激发他们

学习兴趣与探究热情的基本前提。因此，教师必须要尊重学生的思维与认知特点，站在学生的角度来教授数学，帮助学生找到学习数学的规律，使其形成正确的数学思维。

2. 多开展探究活动

苏霍姆林斯基说过："在人的心灵深处，都有一种根深蒂固的需要，就是希望自己是一个发现者、研究者、探索者，而在儿童的精神世界中，这种需要特别强烈。"教师要多开展探究性数学教学活动，让学生亲自体会发现、生成、解决问题的过程，使其感受到数学的奥妙与神秘，而实际上，这种心理也能够轻易调动起他们的学习热情。学生经过多年的数学学习，能够掌握基本的数学知识，也积累了一些学习心得与学习方法，他们需要教师为他们提供机会，让他们多参加一些探究活动，才能够真正落实这些方法，使其有所思、有所想、有所获，真正诱发他们的积极学习心理。

3. 开展激励性教学评价

"没有教不会的学生，只有不会教的老师"，积极心理学也认为教师应该充分挖掘学生的潜能，从积极的角度来判断与评价。因此，教师应该在中学数学教学中开展激励性评价，用赏识、鼓励的语言与方法来肯定每一个学生所做出的努力，认可他们每一分、每一秒的付出，同时，也用客观、正面的语言来指出学生的错误，并且帮助学生找到解决问题的方法。在实际的数学教学中，教师要十分注意教学语言，要经常鼓励学生、表扬学生。同时，观察学生，随时记录每一个学生的进步，希望他们产生被重视的心理感受。在学生数学成绩后退，或者是课堂表现的积极性下降的时候，不要立即批评他们，而是与他们谈心，了解他们退步的原因，同时也要帮助他们找到原因，对症下药。

总而言之，积极心理学要求教师从积极的层面来看待教学问题与教学过程，这就为中学数学教育指出了新的方向，也能够让越来越多的学生克服学习数学的困难，使更多的学生在数学学习中感到快乐与轻松。因此，教师必须要深入分析与钻研积极心理学的相关理论知识，以便将其落实在实际教学中。为此，教师必须要尊重学生的思维与认知特点，保证数学教学活动能够引起学生的好奇心，激发出他们的求知欲。教师要多为学生创造探究学习的机会，为学生应用数学知识、发现问题、解决问题等提供用武之地。教师要开展激励性教学评价，帮助学生重塑自信，使其获得成功。

第三节　基于逻辑的中学数学

一、数学概念

（一）概念的意义和结构

1. 概念的意义

概念是反映事物本质属性的思维形式。例如，客观现实中存在着各种球状物体，如排球、乒乓球、铅球、钢球、玻璃球等。这些物体有各自的属性，如形状、大小、颜色、重量、质地、硬度……这些属性中只有形状是共同的，其共同的本质特征就在于同一物体表面上任意一点到其内部某点的距离都相等。"球"的概念正是对这一共同本质属性的反映。至于其他的属性就当作非本质属性而舍弃。数学概念是一类特殊概念。其特殊性就表现在它所反映的本质属性只是关于事物的空间形式与数量关系方面的。上例中的"球"就是一个数学概念。本书所讲述的概念都是指数学概念，概念和语词是密切联系着的。语词是概念的语言形式，概念是语词的思想内容，两者紧密联系、不可分割。但是，概念和词语之间并非一一对应。概念一般用名词表达，同一个概念可能有不同的名词表达，比如"等边三角形"和"正三角形"表示同一概念。概念是发展、变化的。这是因为：一方面事物的本身是发展、变化的，因而反映事物的概念也要随之发展、变化；另一方面，由于人们的认识是不断深化的，因而关于事物的概念也随之发生变化。例如，中学数学中关于数的概念、式的概念、函数的概念等都是如此。

2. 概念的结构

任何概念都有确定的含义并反映确定的对象范围。例如，"平行四边形"这个概念，它的含义就是揭示平行四边形的如下本质属性：两组对边分别平行，两组对边分别相等，两组对角分别相等，对角线互相平分等。它所反映的对象范围包括具有上述属性的一切平面图形。概念所反映的事物的本质属性，称为概念的内涵。概念所反映的对象范围，即具有概念内涵的对象的全体，称为概念的外延。很明显，概念的内涵是对概念的质的描述，它表明了概念所反映的事物是什么样的。概念的外延则是对概念的量的描述，它表明了概念所反映的是哪些事物。这两方面结合起来，共同确定概念，就使得每一个概念都界限分明，不同的概念之间能互相区别。概念的内涵和外延的关系，除了表现在上述共处于概念的统一体中构成的概念的两个方面以外，还表现在它们变化时的相互制约性中。

当概念的内涵增多时，就会得到使原概念的外延缩小了的新概念；当概念的内涵减少时，就会得到使原概念的外延扩大了的新概念。例如，在"平行四边形"概念的内涵中增加"有一个角是直角"的属性时，就得到外延缩小了的"矩形"概念；在"平行四边形"概念的内涵中去掉"两组对边分别平行"的属性，就得到外延扩大了的"四边形"概念。反之，当概念的外延缩小时，概念的内涵反而增多；当概念的外延扩大时，内涵反而减少。概念的内涵和外延之间的这种变化关系，称为反变关系。利用概念内涵与外延之间的反变关系，可以对概念进行"限制"或"概括"。通过增加概念的内涵，可使得有较大外延的概念过渡到一个较小外延的概念。这种逻辑方法称为概念的限制。通过减少概念的内涵，可以使只有较小外延的概念扩张为具有较大外延的概念。这种逻辑方法称为概念的概括。概念的限制有助于我们从认识事物的一般形式过渡到认识它所包含的特殊形式。概念的概括则有助于我们从特殊认识一般。数学教学中常用概念限制的方法给新概念下定义，而用概念概括的方法从一些概念概括出高一级的更为抽象的概念。

3. 概念间的关系

概念间的关系是指某个概念系统中一个概念的外延与另一个概念的外延之间的关系。依据它们的外延集合是否有公共元素来分类，我们约定，任何概念的外延都是非空集合。

（1）相容关系。如果两个概念的外延集合的交集非空，就称这两个概念间的关系为相容关系。相容关系又可分为下列3种：①同一关系。如果两个概念的外延集合相等，则这两个概念之间是同一关系。例如，矩形与长方形概念间就是同一关系。②属种关系。如果一个概念的外延集合是另一个概念的外延集合的真子集，则这两个概念间是属种关系。其中，外延大的概念称为属概念，外延小的概念称为种概念。例如，平行四边形与矩形概念间就是属种关系，平行四边形是属概念，矩形是种概念。需要注意的是，属概念和种概念是相对的，如平行四边形是矩形的属概念，同时又是四边形的种概念。③交叉关系。如果两个概念的外延集合的交集非空，且同时是这两个外延集合的真子集，则这两个概念间的关系是交叉关系。例如，菱形和矩形就是具有交叉关系的概念。

（2）不相容关系。如果两个概念是同一个属概念下的种概念，它们的外延集合的交集是空集，则称这两个概念间的关系是不相容关系。不相容关系又可分为两种：①矛盾关系。如果两个种概念的外延集合的交集是空集，而它们的外延集合的并集与它们的属概念的外延集合相等，则这两个概念间的关系是矛盾关系。例如，有理数和无理数对实数来说就是矛盾关系。②反对关系。如果两个种概念的外延集合的交集是空集，它们的外延集合的并集是其属概念外延集合的真子集，则这两个概念间的关系是反对关系。例如，锐角三角形和钝角三角形相对三角形来说就是反对关系。

（二）数学概念的定义

1. 定义的作用

概念是由它的内涵和外延共同明确的。由于概念的内涵与外延的相互制约，确定了其中一个方面，另一方面也就随之确定。概念的定义就是揭示该概念的内涵或外延的逻辑方法。揭示概念内涵的定义叫作内涵定义，揭示概念外延的定义叫作外延定义。在中学数学中，大多数概念的定义是内涵定义，只有少量是外延定义。任何定义都由三部分组成：被定义项、定义项和定义联项。被定义项是需要明确的概念，定义项是用来明确被定义项的概念，定义联项则是用来连接被定义项和定义项的。例如，有两边相等的三角形叫作等腰三角形。在这个定义中，"等腰三角形"是被定义项，"有两边相等的三角形"是定义项，叫作是定义联项。

2. 定义的方式

（1）邻近的属加种差定义。在一个概念的属概念当中，内涵最多的属概念称为该概念邻近的属。例如，矩形的属概念有平行四边形、四边形、多边形等，其中平行四边形是矩形邻近的属。要确定某个概念，在知道了它邻近的属以后，还必须指出该概念具有、而它的属概念的其他种概念不具有的属性才行。这种属性称为该概念的种差。如一个角是直角就是矩形区别于平行四边形其他种概念的种差。这样，我们就可以把矩形定义为：一个角是直角的平行四边形叫作矩形。一般，邻近的属加种差的定义方式可用下面的公式来表示：被定义项=种差+邻近的属。需要指出的是，对于同一个概念，可以选择同一个属的不同的种差做出不同的定义。当被定义的概念的邻近的属概念不只有一个时，也可选择不同的属及相应的种差下定义。中学数学中最常用的就是邻近的属加种差的定义方式。

（2）发生式定义。发生式定义是邻近的属加种差定义的特殊形式，它是以被定义概念所反映的对象产生或形成的过程作为种差来下定义的。例如，圆是由一定线段的一个动端点在平面上绕另一个不动端点运动而形成的封闭曲线。这就是一个发生式定义。类似的发生式定义还可用于椭圆、双曲线抛物线、圆柱、圆锥、圆台、球等概念。

（3）关系定义。关系定义是邻近的属加种差的另一种特殊形式，它是以被定义概念所反映的对象与另一对象之间的关系，或它与另一对象对第三者的关系作为种差的一种定义方式。

（4）外延定义。外延定义是用列举属概念下的所有的种概念的办法来定义属概念的。例如，整数和分数统称为有理数，就是一个外延定义。外延定义还有一种特殊形式，即外延的揭示采用约定的方式，因而也称约定式定义。

3. 定义的要求

为了使概念的定义正确、合理，应当遵循以下一些基本要求。

（1）定义要清晰。即定义项所选用的概念必须完全已经确定。循环定义不符合这一要求。所谓循环定义是指定义项中直接或间接地包含被定义项。例如，定义两条直线垂直时，用了直角——相交成直角的两条直线叫作互相垂直的直线。然后，定义直角时，又用了两条直线垂直—— 一个角的两条边如果互相垂直，这个角就叫作直角。这样前后两个定义就循环了，结果仍然是两个糊涂概念。同义反复也不符合这一要求，因为它是用自己来定义自己。例如，互相类似的图形叫作相似形。显然，这样的"定义"没有意义。此外，定义项中也不能含有应释未释的概念或以后才给出定义的概念。

（2）定义要适度。即定义项所确定的对象必须纵横协调一致，同一概念的定义，前后使用时应该一致而不能发生矛盾，一个概念的定义也不能与其他概念的定义发生矛盾。例如，如果把平行线定义为两条不相交的直线，则与以后要学习的异面直线的定义相矛盾；如果把无理数定义为开不尽的有理数的方根，就使得其他的无限不循环数被排斥在无理数概念所确定的范围之外，造成数概念体系的诸多麻烦，以致混乱。要符合这一要求，如果是事先已经获知某概念所反映的对象范围，只是检验该概念定义的正确性时，可以用定义项与被定义项的外延必须全同来要求。上面的例子，都是定义项与被定义项的外延不全同的情形。

（3）定义要简明。即定义项的属概念应是被定义项邻近的属概念，且种差是独立的。例如，把平行四边形定义为有四条边且两组对边分别平行的多边形是不简明的，因为多边形不是平行四边形邻近的属概念；如果把平行四边形定义为两组对边分别平行且相等的四边形也是不简明的，因为种差"两组对边分别相等"与"两组对边分别平行"不互相独立，由其中一个可以推出另一个。

（4）定义项一般不用负概念。负概念是指反映对象不具有某种属性的概念。从纯逻辑观点看，定义项用负概念是允许的，中学数学中有些概念的定义项也用负概念，例如，不能被 2 整除的整数叫奇数，无限不循环的小数叫无理数等。但是，从教学的角度考虑，负概念较难理解。因此，除了非用不可的少数概念以外，大多数数学概念的定义项都不宜用负概念。

4. 原始概念

按定义的第一条要求，对某概念下定义时，定义项选用的必须是先前已被定义过的概念。这样顺次上溯，终必出现不能用前面已被定义过的概念来下定义的概念。这些概念称为原始概念。数学中，点、直线、平面、集合等都是原始概念。在中学数学教材中，虽然对原始概念也有解释，但这种解释并不是定义。

（三）概念的分类

1. 概念分类的定义

概念的分类是揭示概念外延的逻辑方法。它是将一个属概念按照某一属性分成若干种概念。被分的属概念叫作分类的母项，分成的基本种概念叫作分类的子项，分类时所依据的属性叫作分类的标准。对同一概念，可以选择不同的标准进行不同的分类。通过分类，可以使有关概念的知识系统化、完整化，同时也能对被分概念的外延认识得更深刻。

2. 概念分类的要求

（1）分类后各子项互不相容。

（2）各子项外延的并集等于母项的外延。这两项要求结合起来就是要求分类不重、不漏。例如，把平行四边形分为菱形和非菱形的平行四边形符合上面的要求。如果把平行四边形分为菱形、矩形和正方形，则犯了既重又漏的逻辑错误。

（3）每一次分类的标准唯一。根据不同的目的，分类可以选用不同的标准。但是，在同一次分类中不能同时采用不同的标准。例如，三角形既可以按边分为不等边三角形和等边三角形，又可以按角分为锐角三角形、直角三角形和钝角三角形，但不能分为等边三角形、直角三角形。

（4）分类不要越级。即每次分类的子项应取母项最邻近的种概念。例如，把复数分为有理数、无理数和虚数就不符合这一要求。

3. 两分法

两分法是把母项分为两个具有矛盾关系的子项，再继续按此方法进行分类的特殊分类方法。两分法比其他分类方法易于掌握，且不容易出错，因此在数学教学中比较常用。例如，在进行复习时，常将同一属概念下的诸种概念按两分法做分类整理（数的概念系统、方程的概念系统、四边形的概念系统等），在解一些需要分情况讨论的数学问题时（讨论方程或不等式的解、几何作图问题、轨迹问题、排列组合问题等），也常采用两分法进行讨论。

二、数学命题与数学中的推理

(一) 判断与命题

1.判断

判断是对思维对象有所断定的一种思维形式。例如，π是无理数、$\triangle ABC$ 不是直角三角形等都是表示判断的语句。判断所断定的东西可以是指某属性是否属于某思维对象，也可以是指各思维对象间的关系等。判断有真假之分。正确地反映了客观现实的判断是真判断，否则就是假判断。判断可按不同的标准进行分类。按判断本身是否还包含其他判断可分为简单判断和复合判断。对于简单判断，又可按其所断定的是对象的性质还是关系而分为性质判断和关系判断。对于复合判断，则可按照组成它的各个简单判断之间的结合情况而区分为负判断、联言判断、选言判断、假言判断。每类判断都有其特有的结构。这里我们只着重介绍性质判断的结构。性质判断由主项、谓项、联项、量项组成。主项即表示判断对象的概念，用 S 表示。谓项即表示判断对象的性质的概念，用 P 表示。联项即主项与谓项之间的连词，常用是或不是表示，一般又称为判断的质。量项即表示判断中主项数量的概念，一般称为判断的量，有全称量项与特称量项之分。全称量项用所有表示，在判断的语言表达中可以省略；特称量项用有些表示，在判断的语言表达中不能省略。例如，菱形是平行四边形是一个省略了全称量项的判断，其中的菱形是主项，平行四边形是谓项，联项用是表示；有的三角形不是直角三角形，是一个带特称量项的判断，三角形是主项，直角三角形是谓项，联项即不是。

性质判断的基本结构是所有（有的）S 是（不是）P。按"质"和"量"的不同搭配，又分成以下 4 种：

（1）全称肯定判断：所有 S 都是 P。

（2）全称否定判断：所有 S 都不是 P。

（3）特称肯定判断：有的 S 是 P。

（4）特称否定判断：有的 S 不是 P。

2.命题

判断是用语句来表达的。表达判断的陈述语句称为命题，命题是数学的基本组成部分。数学中的命题往往用符号的组合来表示。

判断有真假，表达判断的命题也相应地有真假，我们用 A、B、C 或 p、q、r 等表示任意的命题。当 p 是真命题时，记作 p=1；当 p 是假命题时，记作 p=0。1 和 0 称为命题的真值。与判断的分类相对应，命题也有简单和复合之分，数学中研究的大部分是复合命题。

（二）逻辑规律

逻辑规律反映科学思维的一般特点和要求。在形式逻辑范围内，各种思维形式本身、思维形式之间的联系都要分别符合某些特定的要求，所有这些逻辑要求都属于逻辑规律。例如，概念定义的要求、概念分类的要求、命题运算的定律等，都是逻辑规律。

1. 基本规律

在众多的逻辑规律中，通常把同一律、矛盾律、排中律和充足理由律分出来，这 4 条规律叫作形式逻辑的基本规律。除了充足理由律外，其余 3 条规律都可以表达为恒真命题。

（1）同一律：关于任何对象的思想的外延和内涵，在对该对象进行论断的过程中应当严格确定和始终不变。

（2）矛盾律：在对任何一个特定的对象的论断过程中，不能在同一方面既肯定什么又同时否定什么，否则，这两个判断就不能同时都真。

（3）排中律：在论断的过程中，必须对问题做出明确的肯定或者否定。这时，两个相互否定的判断中必有一个是真的。对思维要求的侧重面不同。矛盾律只是不容许思维有逻辑矛盾，指出互相否定的思想不同真；排中律则要求人们在相互矛盾的判断中承认其中必有一真。

从命题的真假值方面来说，任何一个命题，如果它是真的，它就是真的；它不能既是真的又是假的；它或者是真的或者是假的。因此，以上 3 条规律就是关于命题真假值的规律，而命题的真假值是命题与命题之间逻辑关系的基础，因而它也是一切推理形式的基础。

（4）充足理由律：在论断过程中，只有可以提出充足理由并证明其为真的那些判断，换论题的逻辑错误。例如，要证明四边形的内角和等于360°，如果用矩形代替一般四边形来进行论证，就偷换了论题。

（3）论据必须真实。前面已经指出，论证是由一系列推理组成的，每一个推理的前提就是只有论据真，按照推理规则得出的结论才会真。若论据假，即使按照推理规则推理得出的结论也不一定真，因而整个论证失效。违反这一规则的逻辑错误是引用假论据或其真假未经证明的论据。

（三）证明方法及其逻辑基础

证明方法可以从不同的角度进行分类。下面结合中学数学中常用的证明方法做简要介绍。

1. 直接证法与间接证法

由命题的条件以及已学的定义、公理、定理等，直接推出命题的结论，这种证明方法称为直接证法。但是，有些命题不容易直接证明，我们转而证明命题的否定命题假，或者在特定条件下，证明与命题同值的命题成立，这种间接地证明原命题真的证明方法，称为间接证法。下面只介绍间接证法。

（1）反证法：通过证明命题的否定命题假，从而肯定命题真的方法，叫作反证法。

（2）同一法：在一般情况下，一个命题与其逆命题不一定同真。但是，如果一个命题的某一个条件和某一个结论所指的概念是具有同一关系的概念，此时，交换那个条件与结论所得的逆命题与原命题同值，我们称这样的命题符合同一原理。如果一个命题符合同一原理，当直接证明该命题有困难时，我们可以转为证明与它同值的那个逆命题为真，从而肯定原命题为真，这种证明方法叫作同一法。

2. 综合法与分析法

要证明一个命题，我们既可以从条件入手，也可以从结论开始。根据思考的方向和推理顺序的不同，证明的思考方法可分为综合法和分析法。

（1）综合法：综合法是一种"由因导果"的思考方法。即从命题的条件出发，经过逐步的逻辑推理，最后得到待证的结论。

（2）分析法：分析法是一种"执果索因"的思考方法。即从待证的结论出发，寻找它成立的充分条件，再进一步寻找这个条件成立的充分条件，这样一步步地追溯，最后要找的条件就是已知条件。分析法的逻辑依据与综合法完全一样，因为它们只是思考顺序不同而已。对于比较复杂的证明题，往往把分析法与综合法结合使用，在分析的基础上综合，在综合的指导下再分析，再综合，一般比较容易找到证题途径。还有一种情况是，思考同时从已知及结论出发，逐步分别进行推理及追溯，直到推理所得的中间结论与要寻求结论成立的充分条件相同为止。这种思考方法叫作分析综合法。

第三章　高中数学教学

第一节　数学教学概述

一、教学概述

（一）教学的概念

关于什么是教学，有人认为教学就是传授知识技能，有人认为教学就是上课，也有人认为教学就是智育。

这些观点似是而非，粗看起来好像有些道理，但深究起来却不难发现，这些观点都没有揭示出教学的科学内涵。从第一种观点来看，传授知识技能固然是教学的首要任务，但绝非是唯一任务。同时，教学是包括教师的"教"和学生的"学"的双边活动，而传授知识技能只反映了"教"这一方面的活动，却未能反映"学"的活动。第二种观点是从教学的组织形式来给教学下定义，但这也不完整，因为教学除了以课堂教学为基本组织形式外，还有其他的组织形式，所以教学也不能等同于上课。第三种观点认为，"教学"与"智育"是既有区别又有联系的两个概念，教学是学校实现教育目的的基本途径，属于学校教育活动（或工作）的范畴，它与学校其他工作，如思想政治工作、体育卫生工作、后勤管理工作等并列；智育则是社会全面发展教育的组成部分，属于教育内容的范畴，与德育、体育、美育、劳动技术教育并列。教学除了要完成智育的任务外，还要完成其他教育的任务，是全面发展教育的具体实施方式和途径。智育除了以教学作为主要途径外，还有其他途径，如课外教育活动、社会实践等。因此，智育和教学并非对等、同一的关系，二者是部分交叉的关系。

因此，上述 3 种观点，实质上是把教学简单地等同于"教书"的传统教学观，这在理论上是不完整的、模糊的，对教学实践和教学改革等是一种极大的束缚。

教学的科学含义应当是教师指导学生积极、主动地学习系统的科学文化和知识技能，发展智力和体力，培养能力，形成良好的思想品德和审美情趣的一种最基本的学校教育活动。也就是说，教学是在教师引导和学生参加下的教与学的统一活动，其目的是使学生掌握一定的知识技能，并获得身心各方面的全面发展。由此可见，教学不单纯是教书，而是通过教书来达到育人目的的教育活动。

教学与教育这两个概念之间也是既有联系又有区别的，是部分与整体的关系，教学是包含在教育之内的，是学校进行教育的一个基本途径。

（二）教学的特点

教学是学校进行全面发展教育的基本途径，是教师教、学生学两方面活动的统一，教学的特点有以下几方面。

第一，教学以培养全面发展的人为根本目的，教学通过系统知识技能的传授和掌握，促进学生身心的发展。

第二，教学由教与学两方面组成，教学是师生双方的共同活动，教学双方在活动中相互作用，教师的教服务于学生的学，学生的学是在教师指导下的学习。

第三，教学具有多种形态，是共性与多样性的统一，教学具有课内、课外、班级、小组、个别化等多种形态，教师和学生共同进行的课前准备、上课、作业练习、辅导评定等都属于教学活动。

第四，学生的认识活动是教学中的重要组成部分。

（三）教学的意义

教学是贯彻教育方针，实施全面发展教育，实现教育目的的基本途径。教学工作的具体意义如下。

第一，教学是传播系统知识、促进学生发展的最有效的形式，是社会经验的再生产和适应，是促进社会发展的有力手段。

第二，教学是进行全面发展教育、实现培养目标的基本途径，为个人全面发展提供科学的基础和实践，是培养学生全面发展的重要环节。

第三，教学是学校教育的中心工作，学校教育工作必须坚持"教学为主，全面安排"的原则，必须坚持教学的主体地位。

二、数学教学概述

（一）数学教学的概念

从教学一词的语义上分析，数学教学是数学活动的教学，在这个活动中，使学生掌握一定的数学知识，习得一定的数学技能，经历数学的活动过程，感受数学的思想方法，发展良好的思维能力，获得积极的情感体验，形成良好的思想品质。

人们对数学教学的认识是不断发展和深入的，有些认识更加符合数学教学的规律，如强调师生双边活动，强调师生在数学教学活动中共同发展，强调数学教学不仅是知识的教学，还应该提高学生对数学及其价值的认识，关注情感因素在数学教学活动中的作用，全面认识教师在数学教学活动中的角色等。

苏联数学教育家斯托利亚尔把数学教学定义为数学（思维）活动的教学。他认为，数学教学既可理解为思维活动的结果，又可理解为思维活动的过程。现代教育理论从培养人才的需要出发，愈来愈强调教学的过程（思维的过程），愈来愈强调培养学生能力，特别是思维能力的重要性。然而由于教材篇幅的限制，较多显示的是数学结论，对数学结论里面所隐含的数学思想方法以及数学思维活动的过程，教材则较少提及。为了让学生较好地理解与掌握数学的思想方法，教师应精心设计课堂教学过程，展示数学思维过程，这样才有助于学生了解其中数学思想方法的产生、应用和发展的过程，理解数学思想方法的特征、应用条件和掌握数学思想方法的实质。

（二）数学教学的特点

1. 突出知识性的具体目标

（1）课标对数学知识的掌握提出不同的目标要求。我国对数学教学起指导作用的纲要，过去称为教学大纲，现今改称课程标准。无论大纲还是课标，都对数学知识的掌握提出了明确要求，并突出具体的目标描述。如课程标准中对数学课程目标从横向和纵向两方面陈才可以认为是确实可信的。它的公式是 A 真，因为 B 真并且 B 能推出 A。充足理由律是一切推理和证明必须遵循的最基本的逻辑规律。

2. 推理规则

（1）推理的意义。推理是从一个或几个判断中得出一个新判断的思维形式。在推理中，所根据的已知判断叫作推理的前提，得出的新判断叫作推理的结论。例如，平行四边形的对边相等，四边形是平行四边形，所以，四边形的对边相等。以上 3 个判断构成一个推理，前两个判断是这个推理的前提，最后一个判断是推理的结论。

（2）推理规则。推理必须遵循一定的规则。推理规则即正确的推理形式，也就是当前提为真时能保证结论必真的那种推理形式。

三、数学证明

（一）证明的意义和结构

证明就是根据已经确定其真实性的命题来确定某一命题的真实性的思维过程。任何证明都由论题、论据、论证 3 个部分组成。论题是需要确定其真实性的命题。论据是用来证明论题的真实性所引用的那些真实命题，如定义、公理、定理等。论证就是根据论据推出论题真实性的一系列推理过程。在中学数学中，一个完整的证明分为已知、求证、证明 3 个部分，其中"求证"的内容就是论题，"证明"的内容则是论证，"已知"的内容则是论据的一部分，因为论据中除了已知条件外，还需要引用其他真实命题。

（二）证明的规则

在上面关于证明的结构分析中，已经涉及对证明的逻辑要求。为了明确起见，我们把任何一个证明都必须遵守的逻辑要求作为证明规则列出如下。

（1）论题必须确切。即论题必须是确定的、明白的判断，不能含糊其词、模棱两可。比如，求证两相似三角形的高的比等于相似比。这个论题就不确切，因为它没有指明要证的对应高的比等于相似比，因而无法证明。

（2）论题应当始终同一。即在论证过程中，论题必须始终保持不变，否则，就要犯偷述。横向的课程目标包括知识与技能目标、数学思考目标、解决问题目标、情感与态度目标，纵向的课程目标则是根据上述 4 个目标提出的分学段目标。

（2）教学过程中对目标细化具有可操作性。为了使课标提出的目标在教学中落到实处，各级教研部门用带有具体特征的各种行为动词对目标的具体含义做了详细的描述，从而使目标要求的实现具有可操作性。

（3）每章、每单元和每节课都有细致的目标。我国在落实教学目标上对双基采取强有力的措施。教学目标细化到每章、每节、每课，教师严格按照这些层次的目标教学，而且为了完成教学目标，教师对课堂教学的各个环节设计了切实可行的步骤，一步不落、按部就班地进行。这些做法与布卢姆目标教学（认知、能力、情感）在形式上有某种联系，似乎获得了一定的理论支撑。课堂教学中对各个目标的落实，还体现在教学的例题和练习题中，用模仿性练习题、干扰模仿性练习题、选择运用性练习题、选择组合性练习题、综合运用性练习题等体现不同目标层次的数学习题的训练，以确保各个目标的要求落到实处。这些细致的目标实质上以知识、技能为主，而教学成效的检测最终仍以考试成绩来评价，虽然也兼顾能力目标，实际是辅而不为，在很大程度上目标的细化还是应试的产物。

（4）忽视育人的大目标。国外的数学教育更看重育人的大目标。比较而言，我国的教学课标虽然也重视育人的大目标，但仅仅在前言部分做比较简短的描述，而现实的教学实践几乎把全部的精力都集中于具体的知识和技能目标，对数学教育给予人的思想启迪、精神感悟、人格塑造等人的发展大目标关注甚微，具体目标与人的发展大目标之间的联系基本处于割裂状态。另外，我国的数学教学目标主要局限于数学学科知识的内部，范围比较狭窄，而以欧美国家为代表的西方数学教育教学的目标，则对与数学有联系的数学学科的外部范畴有更多的关注，范围比较宽泛。

2. 常用旧知引出新知

（1）由旧知引出新知是我国数学教学的主要方法。我国的数学课堂教学中，绝大多数新知识是由旧知识引出的，这基本符合人的认识规律，也与现代认知主义理论、建构主义思想一致。课堂教学多以复习提问的形式开始，教师设计一系列问题，在学生对与新知识相关的已知内容的温故中，让新知识的内容意义逐渐露出端倪，自然而然地流淌出来。由旧知引出新知可能形成两种教学形态。一种形态是使学生由旧知中产生困惑或新的情境，从而形成和激发认识新知、发现新知、获取新知的欲望和行动，经历知识发生、发展的过程。这无疑是应该追求的理想的教学形态。另一种形态是淡化从旧知识到新知识的发生、发展过程，甚至会直接把新知识告诉学生，只要"会用"就行了。这很容易造成学生被动地接受，成为事实上的灌输知识的容器，这当然是应该竭力避免的教学形态。

（2）需要适当加强由实际问题引入新知的方法。源于欧美的西方数学教学比较注重数学新知与现实生活及其他学科间的联系，并且力求在教材编写上也体现出来，使得数学的有关内容与多门学科和社会活动建立联系，其中包括科学、艺术、地理、气象、健康、消费和生活常识等。由实际问题引入新知，本质上也是由已知引出未知，但其中不仅包括已有知识，由于带有实际情景材料的介入，还包括已有的生活经验、实践经验和元认知感悟。这样，新知的引出既来自数学知识内部，又来自数学的外部，大大拓宽了"以旧引新"的意义，从而扩大了新知与已有知识、经验联系的范围，更容易建构起新旧意义的联系。因此，我国的数学教学有必要在由实际问题引入新知方面适当予以加强。

3. 注重新知识内部的深入理解

（1）新知建立后，还要对新知识进行进一步辨析和深层次理解。在新知识的意义建立起来以后，往往还要对新知识进行深入的意义辨析，以期达到对新知识的深层次理解。采用的方法，或是对新概念或新命题中关键性语句进行咬文嚼字的分析，特别是对关键词的理解更加突出强调，或是利用变式教学（辨析题、变式题）深入认识新知识的本质属性，概括出新知识的要义或注意点，梳理新旧知识间的联系，在辨析中加强理解。

（2）对新知识与现实生活的联系要给予足够的重视。从对知识内在意义的联系中获得的认识，在认识水平上很可能低于从数学与现实联系中获得的认识。新知识与实际问题的联系，具有与实际情景密切相关的真实性、多变性、广泛性、复杂性等特点，这对提高认识能力有非常积极的意义。以欧美国家为代表的西方数学教育，更加重视解决与生活相联系的数学问题的能力，强调对数学价值和作用的理解。因此，西方的数学教材中往往提供富有挑战性的设计题作业，这些作业题是在联系现实生活实际问题的基础上设计的，在难度上要求不高，强调的是学生综合能力的培养。

4. 重视解题和关注方法、技巧

（1）重视解题是我国数学教学的重要特点。我国的数学教学十分重视解题。解题必须以概念和定理为依据，因而是对概念、定理的再学习。强调解题有利于对解题基本方法的熟练掌握，这有利于夯实基础。我国还非常重视解题思路的探求，注重一题多解、一法多用，这些对学生思维的培养和发展也有一定的积极意义。

（2）需要重视源于数学外部非常规问题的解决。源于欧美的西方数学教育非常强调数学与生活、与其他学科的联系，数学教材也介绍了许多数学在实际生活中的应用。对于问题的设计趋于鼓励学生走向社会，亲自收集、甄别、分析、处理信息，而后归纳总结出结论。在这种非常规问题的解决过程中获得的是研究精神和一般科学方法的大观念、大方法，而解常规题则拘泥于具体操作和具体技巧。无疑，在注重小方法的同时，更加重视发展大方法，逐步实现向育人的大目标转变十分有必要。

5. 重视巩固、训练和记忆

（1）及时巩固、强化练习是我国数学教学的重要特点。我国的数学教学每课有练习，每节有习题，每章有复习题。课内有练习，课后有作业，单元有小考，学期有大考。基本理念是趁热打铁、熟能生巧。这种对基本功训练的重视，从巩固练习的角度看有一定道理，有其必要和正确的一面，但度很难把握，很容易走向反面。数学教学的现实已经可以证明对双基的强化很容易过度，如果不注意发展和创新，就会发生"基础过剩"的现象。

（2）我国数学教学强调记忆有法。常用的记忆方法有意义记忆、口诀记忆、图表记忆、对比记忆、联想记忆等。这些记忆的方法很多属于意义记忆的范畴，是学生牢固掌握知识的有力措施和有效方法，难度适中。但是过分强调记忆，即使强调意义记忆，也很容易异化为机械记忆、方法模仿、僵化操作，并会加重学生的学习负担。

（三）数学教学的意义

数学教学的意义在于体现教学的过程性和创造性。教师是知识的传播者，学生是知识的接受者，传播者和接受者之间是双向促进的，教师通过自己丰富的学识和教学经验来引导学生进行知识的理解掌握，学生根据所学知识对教师的教学进行反馈。

数学教学是师生共同发展的一个过程，需要师生双方的共同进步。教师在教学过程中努力促进学生的发展，因材施教，提高学生的数学成绩，学生对教师教授的知识进行理解反馈，同时教师在教学过程中又不断提升自己的教学思维，师生共同进步，这才是数学教学的意义所在。

第二节　高中数学教学的重要性

一、高中数学教学的特点

（一）高中数学教学的抽象性

随着我国经济的高速发展，数学专业逐步得到充分的重视，我国各个行业中对于数学的需求日益强烈，但是，数学教学中存在的种种问题对其整体的发展起到了严重的制约作用。可以说，通过对数学抽象性的应用，能够对事物的发展规律起到非常有效的帮助，但是就目前的教学水平来说，这种作用显然还发挥得不够充分。

数学科学的高度抽象性，决定了数学教育应该把发展学生的抽象思维能力设定为其目标。从具体事物中抽象出数量关系和空间形式，通过把实际问题转化为数学问题的科学抽象过程，可以培养学生的抽象思维能力。

（二）高中数学教学的严密性

严密性是高中数学教学的重要特点，也是对教学活动的重要要求。观察和实验并不能作为论据的来源，只有经过严密的逻辑推理，才能够被认为是结论的依据。同理，数学教学过程中，需要严密地控制教学语言的使用，尤其是教学活动中对不同的定理、定论的阐述，需要做出严谨的判定。教师的任何一点小小的失误，都会对实际教学效果产生极大的影响，会使学生对数学的认识产生非常大的变化。而这种变化一旦发生，就不是短时间内可以改变的。

高中数学的严密性是数学的重要特点，在数学的各个领域中都有广泛的应用。而这种应用并不仅仅是对高中数学教学的要求，同样也是对整体推导过程的要求。这就要求高中数学教师在课堂教学过程中，必须重视引导学生通过数学结论的学习，进而对结论的整体推导过程有一个明确的认识，尤其是要知道数学结论是怎么证明的。因此，教师在日常授课过程中，应该重视对学生学习能力的培养，为学生养成良好的数学学习习惯做出努力。同时在课堂教学内容的选择上，教师还应该对结论的推导做出有效的指导，帮助学生更好地掌握数学这门学科。

（三）高中数学应用的广泛性

数学模型的应用对数学学科来说是非常重要的。在这种情况下需要任课教师重视对这种问题的讲解，通过对不同问题提供不同的分析理念来培养学生的实践动手能力。应该看到，数学的实际应用过程并不仅仅是一种工具、一种语言，更是一种非常良好、严密的思维方式。教师在引导学生学习的过程中，必须重视这一问题。

1. 数学应用具有普遍性

数量关系和空间关系在我们这个世界中是普遍存在的。从理论上来说，在整体宇宙中，这种联系都是不可分割的，可谓宇宙之大、粒子之微、火箭之速、化工之巧、地球之变、生物之谜、日用之繁，无处不用数学。可见，在日常生活和生产劳动以及科学研究中，数量关系和空间形式方面的问题是普遍存在的，数学应用具有普遍性。针对实际生活中存在的问题，教师应该做出重点分析，通过对学生自主探究能力的培养，为社会的发展提供必要的人才支持。

2. 数学教学应培养学生应用数学的意识和能力

在高中数学教学中，重在让学生初步了解数学在某些领域中的应用，认识数学学习的价值，从而重视数学学习。高中时期的数学学习是为学习高等数学打基础，要让学生有较宽广的数学视野，不应该以在实际中是否直接有用作为标准来决定教学内容的取舍，也不应该要求学生数学学得并不多的时候就去考虑过量应用问题。

（二）高中数学教学对学生思维能力的培养

在应试教育的影响下，长期以来高中数学教学一味强调知识的传授，片面地认为数学思维能力等同于解题能力，导致绝大多数学生数学思维能力不足，听得懂课上讲授的知识点，却难以做到从容利用数学思维解决数学问题及与之相关的现实问题。

高中数学教学本质上是思维能力的教学，即学生在教师的指导下，学习数学知识，发展数学思维和智力。思维的过程直接决定着学生能否顺利地解答数学问题，也正因为如此，由于其思维过程或方法在具体问题的解决中存在着差异，因而不同的人会采取不同的方法进行解答，或者根本就不能解答。高中数学教师在教学过程中应有意识地培养学生的创新思维能力，对提高学生高中数学知识的学习效果具有重要的促进作用。另外，创新思维能力并不是只停留在某一个阶段，如果学生不断进行创新思维能力的锻炼，那么将会养成运用创新思维思考问题的习惯，对于学生进入更高学府学习更深层次的知识，有较好的促进作用。

（三）高中数学教学的育人作用

在高考这根无形指挥棒的作用下，数学课容易形成"重知识、轻教育"的现象。专业知识在课堂教学中是很重要的，如何强调都不过分，但在强调专业知识的同时，不能忽视德育的教育作用。德育的教育作用是很重要的，也是素质教育的目标。教师的职责就是通过专业知识的教学从侧面揭示现实世界，反映人类文明，这本身就是教育。数学教师要做到既教书又育人，做到以真育人、以情感人、以德服人。

数学课是比较抽象的、枯燥的。数学课要想生动活泼，需要融德育于教学之中，教师就要开发情感资源。一个抽象问题的形象、一个同类问题的联想、一个恰当的比喻、一个生动的玩笑……所折射出的人生哲理，数学文化与数学人文精神所折射出的情感力量对数学教学是十分有利的。实践证明，学生很喜欢听这样的数学课，且容易亲其师，信其道，在完成教学目标的同时，又能增进师生感情。

三、加强高中数学教学的重要性

（一）加强高中数学教学是时代的要求

我们正处于一个科学技术迅猛发展的时代。信息的数字化和信息的数学处理已经成为几乎所有高科技项目共同的核心技术。从事先设计、制定方案，到试验探索、不断改进，到指挥控制、具体操作，处处倚重数学技术。因此，加强高中数学教学势在必行。

（二）加强高中数学教学是数学学科自身特点的要求

1. 高度的抽象性

数学的内容是非常现实的，但它仅从数量关系、空间形式或者一般结构方面来反映客观现实，舍弃了与此无关的其他一切性质，表现出高度抽象的特点。数学学科本身是借助抽象建立起来并不断发展的，数学语言的符号化和形式化的程度，是任何学科都无法比拟的。它给人们的学习和交流以及探索、发现新数学问题提供了很大方便。虽然抽象性并非数学所特有的，但就其形式来讲，数学的抽象性表现为多层次、符号化、形式化，这正是数学的抽象性区别于其他学科抽象性的特征。因此，培养学生的抽象能力非常重要。

2. 严谨的逻辑性

数学的对象是形式化的思想材料，它的结论是否正确，一般不能像物理等学科那样可以借助于重复的实验来检验，而主要靠严密的逻辑推理来证明，而且一旦由推理证明了结论，那么这个结论就是正确的。数学中的公理化方法实质上就是逻辑方法在数学中的直接应用。在数学公理系统中，所有命题与命题之间都是由严谨的逻辑性联系起来的。从不加定义而直接采用的原始概念出发，通过逻辑定义的手段逐步地建立起其他的派生概念。由不加证明而直接采用作为前提的公理出发，借助于逻辑演绎手段而逐步得出进一步的结论，即定理，然后再将所有概念和定理组成一个具有内在逻辑联系的整体，即构成了公理系统。一个数学问题的解决，一方面要符合数学规律，另一方面要合乎逻辑。问题的解决过程必须步步为营、言必有据，进行严密的逻辑推理和论证。因此，培养学生的分析、综合、概括、推理、论证等逻辑思维能力也是高中数学课程目标之一。

3. 应用的广泛性

在人们的日常生活、生产劳动和科学研究中，自然科学的各个学科中都要用到数学知识，这是人们所共知的。随着现代科学技术的迅猛发展，数学更是成为必不可少的重要工具。在每门学科的研究中，定性研究最终都要划归为定量研究来揭示它的本质，数学恰好解决了每门学科在纯粹的量的方面的问题，每门学科的定量研究都离不开数学。当今，数学更多的是渗透入其他学科，影响其他学科的发展，甚至人们认为哪一门学科中引入了数学，就标志着该学科开始成熟起来。

在高中教育中，数学是重要的基础课程之一。数学学好了，会为物理、化学乃至其他课程的学习提供有利的条件，这对于学生进一步的学习和参加社会生产劳动都是很有利的。因此，在确定高中数学课程目标时，必须充分考虑数学应用的广泛性。

4. 内涵的辩证性

数学中包含着丰富的辩证唯物主义思想，揭示了唯物辩证法的许多基本规律。数学的内容中充满了相互联系、运动变化、对立统一、量变到质变的辩证法的基本规律。例如，正数和负数、常量与变量、必然与随机、近似与精确、收敛与发散、有限与无限等，它们是互为存在的前提，失去一方，另一方将不复存在，而且在一定条件下可以相互转化。数学方法也体现了辩证性，例如，数学中的极限方法就是为了研究和解决数学中直与曲、有限与无限、均匀与非均匀等矛盾问题而产生的，这就决定了极限方法的辩证性。数学的发展过程也充满了辩证性，三次数学危机的产生和解决过程，就给了我们深刻的启示。在高中数学教学中，充分揭示了蕴含在数学中的诸多辩证法内容，是对学生进行辩证唯物主义教育，使学生形成正确数学观的良好形式。

第三节 高中数学教学现状及对策

一、高中数学教学现状

（一）教学手段落后，不能激发学生的兴趣

在高中数学教学中，有一些教师的教学观念落后，教学手段枯燥，无法激发学生的学习兴趣，使学生对数学学习产生厌烦情绪，甚至有学生出现逃课的现象，这样就造成了高中数学课堂教学效果不佳，无法真正实现高效的数学课堂，而且不能促进高中生的健康成长。还有一些数学教师对新课改的要求理解不透彻，片面地认为只要利用多媒体教学或者只要让学生在课堂上分小组学习，就是遵循了新课改（课程改革）理念，其实这样的思想是错误的，并没有让学生全身心地融入数学课堂学习中。

（二）学生没有掌握学习技巧，学习效率低

有很多高中生对数学的认知有偏差，以为通过死记硬背和题海战术就能够提升自己的成绩，结果恰恰相反，由于他们没有掌握正确的学习策略和解题技巧，他们的数学成绩难以提升，学习效率偏低。还有的高中生总是临阵磨枪，想通过考试前的突击练习取得理想的成绩，但是往往都不能实现。高中数学知识具有系统性和抽象性的特点，学生只有真正掌握了学习技巧，才能够灵活运用数学知识，进而达到举一反三的目的。高中生面临着高考，学习压力大，很多学生不会合理分配学习时间，给数学的学习时间过少，不利于提高他们的数学水平，还有一些学生在学习数学时遇到困难就止步不前，缺乏勇往直前的精神。

（三）过分注重成绩，忽视高中生的主体性

受到传统应试教育的影响，一些高中数学教师只关注学生的数学成绩，认为只有学生考出了好成绩，才是对教师和家长最好的交代。数学教师对学生的主体性并不重视，在数学课堂上以自我为中心，没有充分尊重学生的意见，使学生处于被动学习的状态，无法充分发挥主动性和积极性。还有的高中数学教师在数学课堂上对学生发号施令，让学生按照

自己设计好的课堂环节学习，不顾学生的创新意识和学习灵感，使他们在数学课堂上成为学习的奴隶。另外，很多家长也认为只有成绩好才是最重要的，才能证明数学教师的教学水平高，所以不少数学教师想方设法地去迎合家长，希望取得家长的支持。

（四）初、高中教材缺乏衔接性，学生缺乏良好的学习方法

初中三年的数学教学，使学生在某种程度上形成了固定的思维模式，使他们考虑某些问题时存在单一、片面的思维。初中数学教材对不少数学定理没有严格论证，或用公理形式给出而回避了证明，初中教材坡度较缓，直观性强，对每一个概念都配备了足够的例题和习题。高中数学教材一开始就是集合、映射等近现代数学知识，紧接着就是函数，而且很多是抽象函数，注重逻辑思维和分析理解。与初中阶段相比，学生学起来有一定的难度。特别是新教材，跟修改前相比增加了内容，压缩了课时，无形中增加了学生的学习负担。

尽管我国普及九年义务教育已经多年，课程改革在初中阶段已进行了几年，但受传统的中考升学指标的影响，初中数学的教学很大一部分仍主要是以教师为主体，"填鸭式"的教学方法仍在采用，学生缺乏学习的主动性，具有很强的依赖心理，跟随教师惯性运转，缺乏合理的学习计划，反而增加了学生的学习负担。

高中数学教学中，老师布置的课堂作业相对初中阶段要少些，留给学生更多的时间消化吸收当天的功课，完成相关知识的练习，要求学生根据自身实际情况自由调整补充学习和练习内容。但是受初中阶段学习习惯的影响，许多学生的自学能力较差，缺乏学习的主动性和主见，还像初中阶段那样，完成老师布置的课堂作业就完事，这与高中数学学习要求有较大出入，教学的效果很难达到素质教育的要求。

二、改善高中数学教学现状的对策

目前，高中数学教学仍然是把普通高中作为基础教育的高级阶段，以学生发展为本，重视基础，着眼发展，旨在让所有的学生获得必需的数学知识。随着社会的发展和对教育规律认识的深化，以人为本和促进学生全面发展的素质教育成为时代的主题。

3. 数学具有广泛应用性

数学在社会各个领域中都有普遍的应用，这一特点已经是不争的事实。但是仅仅从高中的数学教学应用来说，对于学生的培养目标仅仅是为了提高学生对数学基本方法的应用能力，并不是为了培养数学家。所以对于数学课程的设计过程，需要重视数学应用的广泛性的特征，从这一特征出发，重点培养学生的数学思维能力，引导学生用数学思维解决生活中的实际问题。

当然，现阶段的数学教学同样需要对学生的基本数学能力做出相应的培养。只有打下良好的数学基础，才能够为学生日后的实际数学知识需求提供必要的帮助。

二、高中数学教学的作用

（一）为学生的进一步发展提供数学经验

高中数学教学不是全民教育，是进一步提高文化科学素质的数学教育。但是，高中数学教学仍然属于基础教育，所以高中数学教学具有基础性。首先，经过高中数学教学，学生可以获得更高的数学素养，以适应现代生活。其次，高中数学教学可以更好地改善学生的数学思维和价值观。数学是锻炼思维的体操。学生通过高中数学课程的学习，可以建立和掌握空间观念及函数、极限、算法等重要的数学思想和方法，在形象思维、直觉思维、逻辑思维等方面可以得到更大的提高，更有利于学生以数学思维认识问题、分析问题、解决问题。同时，在接受高中数学教育的过程中，解决更加具有挑战性的、情景更加丰富的数学问题，可以进一步提高学生的辩证唯物主义认知能力，培养实事求是、严谨认真、团结合作、质疑创新等良好的个人品质。另外，高中数学教学有利于提高学生的交流能力。高中数学课程进一步丰富了学生的数学语言，例如，集合语言、算法语言、初等函数术语、三角函数术语、概率统计术语及图像等重要语言资源，更有利于学生以数学的思维思考、交流、做事、做人。最后，高中数学是学习其他科学和升学深造的基础，无论是学习高中其他课程还是进入大学学习，任何一门学科几乎都离不开数学。因此，高中数学教学是承上启下的数学教学，是影响学生和谐发展的教学。

（一）营造和谐的教学环境，培养学生的自主学习能力

教学是"教"与"学"互动的知识传递过程，在教学过程当中，教师应努力营造和谐的教学环境，采取灵活多样的教学方法和学习指导策略，设计的教学内容应尽量做到富有趣味性、启迪性和开放性，要按照循序渐进、量力而行的原则，对不同层次的学生提出不同的要求，做到心中有数、因材施教，有效调动各层次学生主动参与教学活动的积极性，激发学生的学习热情，使其学习的内部动机逐步升华为学习的行动。在教学过程中，教师应抓住恰当的时机，适时引导学生主动观察、猜想、验证、推理、与他人讨论交流，要鼓励学生大胆发表自己的看法，提出问题，探索解决问题的途径，通过这些活动，促进学生创新思维的发展。作为教师，还要具有教学的灵活性，对课堂上随时出现的情况做出灵活处理。教学中还要注重发挥激励的导向作用，增强学生（尤其是后进生）的自我成就感，充分激发学生的学习潜能，以达到最佳的教学效果。

教师要培养学生的自主学习能力，这也是素质教育的目标之一。数学教学中，要培养学生的自主学习能力和学习的主动性，就应在教学中创设丰富多彩的活动情境，让学生勇于实践、大胆探索。数学新课标指出，数学学习应当是一个生动活泼、主动和富有个性的过程。在教学中，要挖掘教材中的活动因素，创造学生积极主动、自觉参与的课堂环境和开放的课外环境，使学生在活动中主动参与、主动思考、相互交流，共同吸收数学知识。与此同时，还要培养学生的团结协作能力、竞争意识和良好的集体主义精神。

（二）转换教学中教师的角色

在教学中，教师首先要转变角色，确认自己新的教学身份。教师应成为学生学习活动的引导者，要记住自己的职责是教育所有的学生，要坚信每个学生都有学习的潜能，都是能学好知识的学生。引导要含而不露、指而不明、开而不达、引而不发。引导的内容不仅包括知识和解决问题的方法，还应教会学生怎样去思考。在教学实践中，尽量展示数学问题思维的全过程，鼓励学生敢于提出质疑，有自己的思考与创新。

教师应成为学生学习活动的组织者。教师作为学生学习活动的组织者，应该重视每一个学生个体，激发学生内在的主动性，放手让学生表达自己的看法，提出自己的见解，为学生提供学习过程中合作交流的空间与时间，这种合作交流的空间与时间是最重要的学习资源。我们在教学中不能仅满足于知识的传授，而应注重用一连串问题来组织教学，同时，教师还必须给学生的自主学习提供充足时间。教师还应成为学生学习活动的好伙伴。教学本来就是师生间相互交流思想、相互探究学习的双向活动，是一个教学相长的过程。教师应摒弃管教者的观念，本着与学生合作的态度，与学生建立平等的关系，形成师生互动、民主融洽的良好氛围，引导学生在思考中潜移默化地增长知识、积累经验，真正达到相得益彰的目的。

（三）多听常态的数学公开课，科学有效地布置作业

现在大多数数学公开课，尤其是面向范围比较广的公开课几乎都是集体打造的，反映的是集体备课的水平，并非是上课老师个人的业务水平，以及课堂教学设计等方面的能力。这样优秀的理想化的课需要听一些、看一些，不过更需要常态课。数学教研组、备课组内部的公开课要常态化，不要搞花架子。每次活动应尽可能同时听两位教师关于同一个课题的有不同设计的公开课，但是这需要投入一定的时间。

教师要科学有效地组织、布置作业（练习）。长期以来，教学都很重视课堂教学设计，而数学课外作业的布置与处理往往不受重视，甚至只是走走形式。不要说平时的课堂，就是有的公开课到结束时也常常只有小结，而忽视作业的布置。如果没有课外作业辅助的话，教师的教学往往是不算成功的。因此，深入研究课外作业的形式，对于一名教师来说很重要。通过启发学生勤学多思，可以训练学生的数学思维，培养学生的数学素养。教师应努力使学生由会解、会做到会说、会讲，再到会改、会编，逐步成为学习的主人。

在新课改理念下的高中数学教学中，要提高学生在课堂上的学习效率，提高教学质量，我们就应该多思考、多准备，要积极处理好教师与学生的关系，调动学生的积极性，本着对学生负责的工作态度和细心严谨的工作作风，务本求实地踏实工作，这样才会使学生的学习上一个新台阶。

第四章 高中数学教学模式

高中数学知识相对来说更加抽象，理解起来更加困难，这也在某种程度上影响了学生自主学习意识的发挥。所以，在新课改理念的不断深入下，教师要更新教育、教学思想，要采用多样化的教学模式培养学生的自主学习意识，促使学生养成良好的学习习惯。

第一节 高中数学课堂教学模式的内涵

一、课堂教学模式的定义与演变

课堂教学模式是教学论发展中一个新的研究课题，从 1972 年乔伊斯和韦尔发表《教学模式》起，教学模式的研究已经被越来越多的学者和专家关注。而了解教学模式的发展历史有助于人们对当代各种教学模式的理解，进而有助于人们把握教学模式的发展趋势。

教学模式这一概念与理论是在 20 世纪 70 年代出现的。不过在中外教学实践和教学思想中，很早就有了教学模式的雏形。古代教学的典型模式就是传授式，其结构是讲—听—读—记—练。

到了 17 世纪，随着学校教学中自然科学内容和反观教学法的引入，班级授课制度的实施，夸美纽斯提出应当把讲解、质疑、问答、练习统一于课堂教学中，并把观察等直观活动纳入教学活动体系之中，首次提出了以感知—记忆—理解—判断为程序结构的教学模式。19 世纪是一个科学实验兴旺繁荣的时期，赫尔巴特的理论在相当程度上反映了当时科学发展的趋势。他从统觉论出发研究人的心理活动，认为学生在学习的过程中，只有当新经验与已经构成心理的统觉团中的概念发生联系时，才能真正掌握知识。所以教师的任务就是选择正确的材料，以适当的程序提示学生，形成他们的学习背景或称统觉团。从这一理论出发，他提出了明了—联合—系统—方法的四阶段教学模式。此后，他的学生又将其改造为预备—提示—联合—总结—应用的五阶段教学模式。

杜威提出了实用主义教学模式。这一模式的基本程序是创设情境—确定问题—占有资料—提出假设—检验假设。这种教学模式打破了以往教学模式单一化的倾向，弥补了赫尔巴特教学模式的不足，强调学生的主体作用，强调活动教学，促进学生掌握发现探索的技能，获得探究问题和解决问题的能力，开辟了教学模式的新思路。当然，实用主义教学模式也有缺陷。它把教学过程和科学研究过程等同起来，贬低了教师在教学过程中的指导作用，片面强调直接经验的重要性，忽视知识学习的系统性，影响了教学质量。因此在 20 世纪 50 年代受到了社会的强烈批评。

20 世纪 50 年代以来，随着科学技术的发展，教育面临着新的科技革命的挑战，促进人们利用新的理论和技术去研究学校教育和教学问题。现代心理学和思维科学对人脑活动机制的揭示，发生认识论对个体认识过程的概括，认知心理学对人脑接受和选择信息活动的研究，特别是系统论、控制论、信息加工理论等的产生，对教学实践产生了深刻的影响，也给教学模式研究提出了许多新的课题。因此，这一阶段在教育领域出现了许多新的教学思想和理论，与此同时也产生了许多新的教学模式。

二、课堂教学模式的特征与结构

课堂教学模式是教学活动的基本结构，每个教师在教学工作中都在自觉、不自觉地按照一定的教学模式进行教学。了解课堂教学模式的特征和结构，有助于教师在教学过程中更好地发挥作用。课堂教学模式作为一个完整的功能系统，有其区别于其他系统的特征，课堂教学模式的主要特征包括以下几个方面。

（一）指向性

任何一种教学模式都是围绕着一定的教学目标设计的，而且每种教学模式的有效运用也都需要一定的条件，因此不存在对任何教学过程都适用的普适性模式，也谈不上哪一种教学模式是最好的。评价教学模式的标准是，在一定的情况下，这种教学模式是否达到了特定的目标。因此，在选择教学模式时必须注意不同教学模式的特点和性能，注意教学模式的指向性。

（二）操作性

课堂教学模式操作性是指任何一种教学模式，都应该是便于把握、理解和运用的。教学模式如果不具有操作性，就难以让人把握、模仿和学习，以致教学模式难以发展到今天比较完善的层面。同时，教学模式是一个程序，是一套完整的系统，应用教学模式在一定层面上说就是要按照一定的程序和规范来进行教学活动。

（三）开放性

教学模式是随着教学实践观念和教育理论的变化而不断进步的。教学模式一旦形成，其基本构架就具有一定的稳定性，但是，这并不意味着一种教学模式的构成要素、内部结构就不会发生变化。一个教学模式的形成初期，都只是一个雏形，很多东西还不完善，需要在实践中不断检验和完善。五阶段教学模式的发展历史充分说明了这一点。赫尔巴特最初提出的是四阶段教学模式，但是他的学生在日后的实践中不断获得新的经验和新的观念，从而把四阶段教学模式中的第一阶段分成了两部分，逐步形成了现在的五阶段教学模式。

（四）完整性

教学模式是教学现实和教学理论的统一，所以它有一套完整的结构和一系列的运行要求，体现着理论上的自圆其说和过程上的有始有终。它是一定教学理论的简要形式，又是一个完整的过程与体系。

（五）稳定性

几乎所有的教学模式都强调了其应具有相对稳定性。这是因为教学模式不是从个别的偶然的教学实践中产生出来的，它是对大多数教学活动的理论概括，在不同程度上揭示了教学活动的普遍性规律。而且，从实践角度看，科学性、普遍性是稳定性的基础，只有具有稳定性，才有可行性。但是，教学模式的稳定性是相对的。教学模式总是与当时的社会经济发展水平相一致，总是和人们对教学的理解相关。人们对教育目的的看法一直在发生变化，教学手段随着科技水平的提升而发生变化，教学模式也会随之改变。

（六）灵活性

教学模式的灵活性，一方面表现为对学科特点的充分关注，另一方面则表现为教学方法的多样化。由于教学模式中的程序需要起到普遍参照的作用，因此一般情况下教学模式并不涉及具体的学科教学内容，而只是对教学内容的性质提出特定的要求。同时，教学模式作为某种教学理论或思想在教学活动中的具体表现形式应受到学科特点、教学内容的影响和制约，因此不能不考虑学科特点、教学内容的主动适应。

第二节　高中数学常用课堂教学模式

一、掌握教学模式

（一）概念界定

掌握教学是美国芝加哥大学教授布卢姆在卡罗尔学校学习模式的基础上提出来的。所谓"掌握"，其标准是某门学科教学结束时，学生应具备一套特定的知识及认知水平。在此要求下，教师根据教学内容的内在关联将其划分为若干个小的教学单元，对每个单元的内容事先做出分析研究，制定出所要达到的教学目标。在掌握教学中，教师对全体学生教授每一个单元的内容，及时地在教学中进行反馈和校正，保证学生对所学内容的掌握。掌握教学也称掌握学习。概括地说，掌握教学模式是以能力优劣不等的学生集体为前提条件，以集体学习的教学方式为手段，寻求一种既能保持班级教学的优越性，又能解决传统班级中"差生"的问题，使每一位学生都能达到一定学习水平的一种新的教学模式。

（二）操作程序

掌握教学的实质是教师在了解学生和明确目标的前提下，以学生全部掌握为目的进行教学，而且学生是否可以进行下一步的学习，取决于学生经过反馈后显示的对前一段学习内容的掌握情况。因此，掌握教学一般分为4个阶段：教学准备、集体教学、适时反馈、及时矫正。

1. 教学准备

首先，教师要对学生的基本状况有一定的了解。教师要了解学生开始学习某个课题前所具备的认知水平，如学生所具备的相关知识、已有的认识水平等。教师可以通过测试对学生进行诊断性评价，了解学生具备了多少有关学习新课的知识以及学生的学习动机、态度、自信心等情况，以便在新的学习中为学生安排适当的学习任务，实行因材施教。

其次，教师要准备教材。对教材的准备主要是指教师在了解学生情况的基础上，制定一个全面详细的教学目标。教师要把课程分解为系列学习单元，并制定具体的教学目标。同时，在对教材的准备过程中，教师还要根据每一单元的教学目标编制该单元简短的"形成性测验"试题，一般为 15～20 分钟，目的是评价学生对该单元内容的掌握情况。

2. 集体教学

掌握教学中的集体教学与传统的班级教学有相同之处，但是相比较传统教学而言，它具有两个特点：一是要依据事先制定的教学目标双向细目表组织教学过程，以便控制教学的顺利进行；二是必须采用恰当的教学方法，这些方法要能够有利于开拓学生的思维，鼓励学生积极参与，强化学生的知识等。

3. 适时反馈

掌握教学的一个关键是教学过程中安排多次的适时反馈。不管教师的工作多么有效，在课程或学期的每个阶段，总有些学生因为各种原因导致学习落后，这就会影响其下一阶段的学习。而每次学期结束后的考试，显示的是每个阶段的落后的积累，这既不能反映学生的失误所在，又不能使其得到及时、有效的纠正。掌握教学要求在学生学习的过程中进行适时反馈，把学生学习的落后及时地揭示出来，以便尽快对其进行矫正。

4. 及时矫正

当获得测试形成的反馈信息后，教师应与教学目标双向细目表进行对照，找到学生没有掌握的内容以及学生未达到的水平，及时进行矫正。矫正的方法应不同于最初的集体教学方法，可采用不同的教科书、练习册、参考材料、视听材料，或由教师重新教学或个别辅导，或由学生进行讨论及相互帮助等。同时在矫正工作结束后 2～3 天，教师还需进行第二次测验，这是与第一次形成性测验平行或等值的。未达到掌握标准的学生只需做上次未做对的有关试题。把学生两次做对的试题的数量相加，如果达到了原先规定的掌握标准，便可以成为"掌握者"。

二、范例教学模式

（一）概念界定

范例教学理论及范例教学模式源自德国，20 世纪 50—70 年代在德国的发展和应用达到了顶峰，成为德国教育现代化的标志之一。范例教学的设想最早由德国历史学家海姆佩尔提出，经德国蒂根宾会议讨论和瓦根舍因、克拉夫基等的实践探讨，最终成为现代教学论三大流派之一。范例教学理论是以知识迁移理论为主要依据，运用系统方法整体研究教学内容，促进学生由"知"向"能"的发展。这种教学模式促使学生独立学习，而不是要学生复述式地掌握知识，要使学生所学的知识迁移到其他方面，进一步发展所学的知识，以改变学生的思维方法和行为能力，从另一个角度讲，也能减轻学生的学习负担。

（二）教学原则

1. 基本性原则

范例教学应教给学生基本的知识结构与规律，包括基本概念、基本原理、基本规则、基本规律等，使学生掌握学科的知识结构。如施普兰格认为，基本性指以某一内容为基础的规律性。克拉夫基则认为基本性指基本原理，要求给学生提供的基本原理不是孤立的，而是使学生在更大范围的思想联系中来认识基本原理。范例教学的核心就是选好范例，选择范例的目的是要使学生从中掌握所学学科最基本的内容。从基本性原则出发，选择范例的基本要素组织教学，避免机械性地教与学。范例的基本性包括两方面内容：首先，所选择的范例必须具有典型意义，能够反映出同一类内容的基本特征；其次，它是能带给学生整体认知作用的材料，能够全面反映整体的规律性。

2. 基础性原则

范例教学应从学生的基本经验出发，促进他们的智力发展，即教学应以学生的实际经验为基础，使学生在教学过程中获得更深化的新经验。基础性原则要求教学从学科转向学生，要求教师更多地在学生的精神世界方面做工作，使他们掌握各种基本概念、基本结构和基本规律之间的关系。因此，基础性是基本性的更高一个层次。从这个原则出发，我们要使学生在教学中掌握由"个"向"类"发展的认识内容，同时更应注意实现由"个"向"类"发展的过程和方法。

3. 范例性原则

范例性原则就是通过精选的范例使教学达到基本性和基础目标的原则。范例教学论认为，基本性和基础性是范例教学方式的实质，而范例性原则是使两种结构保持一致的媒介、桥梁。也就是说，要设计一种教学结构，使教学内容与教学方法之间以及各种教学内容之间的联系结构化，通过这种教学使学生的兴趣和学习方法同各种教学内容的最终结构一致起来。范例性要求教师精选的教学内容具有代表性、典型性和开导性，使学生能以点带面、举一反三、触类旁通地掌握知识，实现学习的迁移和知识的实际运用。

三、情境教学模式

（一）概念界定

情境教学模式的心理学基础是人本主义心理学理论。情境教学模式是指在教学过程中，运用各种教学媒体创设以渗透教学目的、充满美感和智慧的情境，并利用暗示、移情的原理帮助学生感知具体形象，形成表象，掌握知识，并且通过具体场景的体验，激发起积极的情感。与其他教学模式不同的是，情境教学模式通过创设具体情境，将学生置于某种特定的氛围中，形成一种心理环境，使学生产生移情效应，获得在其他情况下无法得到的情感，这样，从刺激学生第一信号系统出发，由感知深入思维和情感领域，引起认知与情感的变化。

（二）操作程序

第一阶段：创设情境。创设情境要以教学目标、教材许可程度和学生已有条件为出发点，其类型大致可以分为两种：一种是实在的情境，主要通过教学媒体来创设，包括实物媒体、光学媒体、音响媒体和影视媒体；另一种是虚拟的情境，例如通过角色扮演、戏剧表演、形象模拟等方法，创设一种教学情境。

第二阶段：观察想象。面对情境设置，学生需要在教师指导下有目的、多角度地观察，使头脑中积累的旧知识和观察到的表象重新组合。这一环节是情境教学的关键，是使教师的教与学生的学相互融合的基础与条件。

第三阶段：激发情感。激发情感与观察是同步进行的。教师除了要有意识地利用情境激发学生情感外，还要发展学生的积极情感，引导他们去探究问题，并且适时进行思想教育。

第四阶段：情能转化。在教学组织中，创设情境是基础，观察想象是方法，激发情感是动力，情能转化是目标。情能转化就是让学生的学习由情境体验转化到智能发展上来，其转化方法就是应用。

四、互动教学模式

（一）概念界定

互动教学模式建立在师生统一主体说和教学最佳结合说两个理论基础之上，是以师生在教学过程中交互作用和影响为主线，同时力求反映学生认知过程、情绪过程的对应关系的教学结构框架。它是通过优化"教学互动"的方式，即通过调节师生关系及其相互作用，形成和谐的师生互动、生生互动，充分调动学生的学习主动性和主体性，提高教学效果，塑造学生良好个性的一种教学模式。

（二）操作程序

互动教学模式的实施，需要一系列不同于传统教学模式的操作程序，才能使互动教学发挥实效，主要有以下 3 个方面。

1. 创设互动环境

教学中学生的学习行为和学生所处的环境密切相关。这个环境既包括物质环境，也包括心理环境，还包括人际环境。因此，实施互动教学模式，必须创设良好的、综合性的环境。

2. 组织互动行为

行为心理学家认为，人的空间行为模式主要有被动式、主动式和互动式 3 种。不同的空间行为模式有不同的行为组织方式。课堂教学需要被动式的行为模式，也需要主动式的行为模式，更需要互动式的行为模式。互动式的行为模式组织方式有很多，如伙伴式的、对手式的、小组式的和群体式的等。教师要灵活运用多种组织方式，使学生获得最好的教学效果。

3. 评价互动结果

采用互动教学模式进行教学，其教学目的不同于传统讲授式教学。因此，对其教学效果的评价必须有一个全新的标准，主要体现为学生互动行为的开展程度、学生互动成果的取得等。教师应以这些特殊的要求来评价教学的成败得失。

五、发现教学模式

（一）概念界定

发现教学模式，又称为概念获得教学模式。它是指教师不直接把现成的知识传给学生，而是引导学生根据教师和教材提供的课题、资料，进行积极思考、独立探究、自行发现应得的结论或规律的教学模式。布鲁纳曾指出："发现不限于寻求人类尚未知晓的事物，确切地说，它包括用自己的头脑亲自获得知识的一切方法。"这就说明了发现教学法与传统的以讲授为主的教学方法的不同之处。发现教学法的特点在于它不是把现成的结论提供给学生，而是从青少年好奇、好问、好动的心理特点出发，让其在教师的引导下，依靠教师和教材所提供的材料，自己去发现、回答和解决问题，使他们成为知识的发现者，而不是消极的接受者。

教学不是讲解式的，使学生处于被动接受知识的状态，而应该是假设式的，应尽可能引导学生自己去发现，使之成为科学知识的发现者。布鲁纳认为，发现法能创造研究问题的情境，产生学习的内在动机，并在学生的意识中引起类似科学研究的任务和问题，促使他们努力去探索和掌握科学结论，从而提高学生的智慧，发挥学生的智能。发现教学模式的核心和精髓，就是要求学生由"被动接受知识"转化为"主动发现并积极学习"。我们教师在新课程改革中要充分促进学生自主发现、探索，强调学生的主体参与和在实践中完成自身的知识构建。

（二）操作程序

发现教学是生动活泼的自主性、创造性的教学模式，其操作过程主要有以下步骤。

1. 创设问题情境

创设问题情境是发现教学的第一步。创设问题情境就是指教师在备课时要根据学生的知识储备情况，结合教学内容的特点，从学生已有的旧知识中寻找与新知识相似的地方，通过问题或者举例等形式创设新的问题情境，从而提高学生的学习兴趣，引导学生思考。

2. 引导学生寻找问题，并做出假设

教师通过创设问题情境，促使学生利用其所提供的一些材料，提出一些问题。这些问题要尽量生活化和具体化。在提出问题后，教师要引导学生提出解答问题的假设，即教师要引导学生通过观察、联想、类比等方法观察具体事实、现象，对资料进行处理，分析问题，讨论问题，从而找出新、旧知识之间的联系，寻找问题的关键，然后提出解决问题的假设。

3. 引导学生解决问题

引导学生用学过的知识自己解决问题，解决问题的方式可以是各自独立解决，也可以是学生之间讨论交流解决。在学生寻找解决问题的方法时，教师不能直接给学生答案，也不能看到学生错了立即给予否定。教师应给学生指出方向，要多给学生鼓励和适当的提示，肯定学生的成绩，在学生做错时要和学生一起寻找做错的原因。

4. 引导学生拓展问题

对于学生提出的假设，教师要引导学生进行验证。问题的解决最终是要靠实践检验的。教师要引导学生用变迁的方式提出发散式的新问题，将问题引向其他方面，培养学生运用新知识解决新问题和新现象的能力。

第三节 新课程背景下的高中数学课堂教学模式

一、探究教学模式

（一）教学原则

教师运用探究教学模式要遵循学、退、悟 3 个原则。

所谓"学"是指教师要研究学生、研究学法。备课时，教师不仅要认真地钻研教材，还必须研究学生遇到这些问题时，将会怎么想、怎么做，进而探究如何引导学生打开思路。总之，教法要受学生支配，服务于学生，按学生探究的规律去教，才会使学生学得主动，学生也才能主动探究。

所谓"退"是指探究法着眼于能力，要让学生循序渐进，要使学生善于挖掘自身知识和思维的潜力。"退"就是把未知转化到已知。由新忆旧，化抽象为形象，把复杂分解为简单，退到已知和已有能力的基础上。"退"是探究法的主要特征之一。"退"的目的是打开思路，"退"的关键是转化。常用的 9 条"退"法为观察、举例、画图、分解、温故、逆向、反面、比较、猜想。

所谓"悟"是指解决问题，学会研究。"悟"的关键是"调节"。学生思维的主动性发挥出来了，思路开阔了，必然出现"放"的形式，其中有正确的，也有错误的，就是要通过比较评价，择优选用。对错误的要正视、要引导、要以错为鉴，就要出现"收"的形式。这是要善于调节学生，调节过程，使课堂有张有弛、有进有退、有对有错、有快有慢、相辅相成。学会调节，才能学会学习，学会探究，才能领悟理论。指导学生"悟理"就要发挥教师的主导作用，及时进行反馈调节，引导学生思维集中，组织检验评价。培养学生领悟理论的"进"法，主要是调节、集中评价和优化。

（二）操作程序及建议

探究教学模式在教学中主要分为以下 3 个阶段。

第一阶段：激疑设疑。这一阶段是指根据教学的要求，利用教材或学生已有的知识经验，启发学生提出问题，或由教师归纳学生关心的问题，提出探究的课题。

第二阶段：强化动机。提出问题以后，并不是每位学生都能自觉积极地投入探究活动，这就需要教师强化学生的内在动机，调动学生的积极性和主动性。因此，教师应强调解决所提出问题的重要意义和必要性，使学生的学习动机从单纯的兴趣向自觉探究转化。

第三阶段：分步探究。这是探究教学过程中最重要的阶段。在提出问题和强调问题的基础上着手解决问题，也就是使学生明确怎样解决问题，其作用是让学生懂方法。这一阶段具体又可分为以下 4 步：①授法。中心内容是明确怎样解决问题，即明确解决问题的要领，其作用在于促使学生接受方法。②探究。这一步的中心工作是逐步深入解决问题，进行活跃的探究活动，其作用在于引导学生试用方法，是探究过程的中心环节。③应用。这一步的中心内容是让学生学习自行解决问题，即运用上一步中获得的经验举一反三解决类似或相关的问题，它是探究成绩的巩固，又是探究效果的检验，其作用在于帮助学生学会方法。④小结。其中心内容是明确今后如何解决问题，既要总结探究活动的基本收获，得出结论，又要为学生今后解决类似或相关问题指明思路，其作用在于进一步让学生牢记方法。

探究教学模式改变了传统的教师讲授、学生接受的单一知识传递局面，它让学生自己寻找解决问题的办法，自己寻求问题的答案。因此，教师在探究式的课堂教学中要特别重视开发学生的智力，发展学生的创造性思维，培养其自学能力，力图通过自我探究引导学生学会学习和掌握科学的方法。在探究式教学中，教师主要扮演的角色是学生的导师，教师的主要任务是调动学生的求知欲和积极性，促使学生能够主动地去发现问题、提出问题、分析问题进而解决问题，培养学生的探究能力。在学生的探究过程中，教师要时时进行指导，帮助学生解决在探究过程中遇到的困难，为学生的探究提供帮助。同时，在探究过程中，教师要创造一个有利于探究教学的环境。受传统教育形式的影响，学生习惯了接受式的教学，对于探究式教学，部分学生可能会有一定的惰性，不愿意改变。因此，教师要在班级中营造一种探究学习的氛围，为探究教学做好思想上的准备，从而促进探究的开展。

在探究式教学中，学生是探究式课堂教学的主人，他们要根据教师提供的条件，明确探究的目标，思考探究的问题，掌握探究的方法，拓宽探究的思路，交流探究的内容，总结探究的结果。因此，在探究式教学中，教师要充分发挥学生的主体作用，要从学生的实际出发，运用多种教学方法调动学生的探究欲望，提高其探究能力。

二、问题解决教学模式

（一）理论基础

高中数学中的问题解决教学模式是以问题为中心，从解决问题中学习的课堂教学模式。它是以主题教育为指导思想，在教师引导下，从探究问题出发，以再创造知识为学习方式，以问题设计、学习指导为教学方式的一种创新教育的课堂教学模式。构建高中数学问题解决课堂教学模式的目的是，在学生的认知发展水平和已有知识经验的基础上，教师应激发学生的学习积极性，向学生提供充分从事数学活动的机会，帮助他们在自主探究和合作交流的过程中，真正理解和掌握基本的数学知识与技能、数学思想和方法，获得广泛的数学活动经验。要提倡积极主动、勇于探索的学习方式，注意提高学生的数学思维能力，使学生在数学学习过程中，达到知识与能力的同步增长，发展创造个性，培养科学精神。

问题解决教学模式，从提问入手，以解决问题为核心，有效地激发了学生的学习兴趣，并且逐步培养了学生的自学能力，实现从教师提问题到学生提问题的过渡，这对于提高教学质量具有良好的效果。问题解决教学着眼于培养学生的思维能力和解决问题的能力。它通过教师提出问题来创设一种"问题情境"，通过师生共同分析探究问题，引导学生通过自己的实践来观察、类比、分析、讨论问题，达到灵活运用所学知识的目的。使其对一个问题能实现数学式的思考，利用其数学智力将掌握的数学方法用上去，从而成功地解决问题。它是学生思维能力提高的一个体现。从心理学上讲，教师通过提出问题，可以激发学生的学习兴趣，而问题的解决又让学生不断体验到成功，进一步增强了学习的自信心，因此可以从根本上改变现行教学模式中教师讲、学生听，学生听得懂，但又不会解题的弊病。

这种问题解决教学模式对促成学生有效学习的效果是十分明显的。主要表现在：①把问题作为教学的出发点可激发学生的学习动机，很快使学生进入解决问题的思考状态。利用问题形成认知冲突，使学生了解与特定学习目标之间的距离，通过问题促成学生反思自己的学习过程，从而维持其有效学习的积极心态。②突出教学中的重点、难点、疑点，促使学生对没有领悟的问题进行思考，也培养了其思维的批判性品质。③问题解决教学模式的核心是展示过程。问题解决教学中的问题常常是教学材料中牵一发而动全身的重点，是学生思维的盲点，是学生没有从本质上领悟的难点，是新的认知结构构建中，新旧认知剧烈碰撞的似是而非的疑点，是知识方法应用过程中的关键点，是新知识新方法的增长点。这些问题的提出、展开、分析、解决、深化、回顾、引申充分展示了知识的形成发展和应用过程，充分展示了镌刻于问题和知识中的数学思想方法，也展示了学生各自的认知过程，不仅促成学生领悟知识，改善自己的认知结构，而且还能使学生受到科学思想的熏陶，也培养了学生敏锐的数学直觉。④问题解决教学模式的实施可以促使学生用数学的眼光看待周围的事物和现象，培养发现问题、提出问题的意识和能力，这是最基本的科学研究能力。

可见，问题解决教学模式的实施，把传统教学中仅着眼于培养学生分析问题、解决问题的能力，提高到了培养学生发现问题和解决问题的能力，这是一种飞跃。发现问题、提出问题是科学创造的开端，是培养学生创造能力的根本途径。在某种程度上讲，它是针对我国传统教学弊端而开辟的一条十分有效的道路。

（二）操作程序及建议

问题解决教学模式的教学过程，主要分为 4 个阶段，即设置问题—探究问题—解决问题—应用练习。

第一阶段：借助学生已有的知识，设置恰当的数学问题。

设置问题就是根据教学内容，结合学生的认知发展水平和已有的知识经验，将学习内容设计成若干个学生能解决、能激发其学习积极性的问题，使学生在动手实践、自主探索和与他人合作交流的过程中获取数学知识、技能、思想和方法。设置问题应包括教师设置问题与学生设置问题。教师设置问题，要求教师把握整个教学大纲、新知识体系之间的联系与要求，根据教学目的与要求来考虑问题的设置，并引导学生逐渐实现从教师设置问题到学生设置问题的过渡。

设置问题时要注意所提出的问题是否明确，难易程度是否恰当，提问对象是否具有普遍性，提出的问题是否有启发性。问题的来源和设计的基础是多方面的：一是对教学材料的准确把握，即对材料的价值、目的、重点、难点、疑点及整体结构的准确把握，尤其是对数学学科体系的总体把握，把高中数学教材的内容放在数学学科的大背景中去定位，又把高中数学教材内容放在数学整个发展的历史长河中来把握，并用这种认识发掘、把握教学材料的内在结构和价值，从而使教学能处于一定的高度。二是对往届学生学习中反映出的一般性问题的积累。三是利用作业、考试、练习、交谈、答疑等各种机会，对学生的思维动态进行调查分析。了解学生在学习数学知识、解决数学问题中的种种行为，仔细分析这些行为所反映的学生各个阶段的状况，把握学生的动态思维过程，认清学生在数学学习过程中，由于思维起点的迷茫、思维形象的模糊、思维方向的偏离、思维逻辑的混乱、思维开展受到干扰而产生的各种思维障碍。同时也可明确学生原认知结构中不利于领悟新知识、形成新的认知结构的概念。总而言之，在把握教学材料的内在结构和学生的认知方式及结构的基础上，运用丰富的教学经验，多角度、多形式地发掘并设计问题，以具有合理的高度和梯度的问题系列来构建合理的问题解决教学结构，才能使问题解决教学模式获得良好效果。这种针对教学要求和学生思维状况精心设计的问题，贴近学生的实际，处于学生最近发展区水平，能反映学生思维状况与教学目标之间的距离。对这些引起学生强烈学习动机的问题做出的提示和启发，可引发学生积极的思考和热烈的讨论，能为学生创设一种探索问题的氛围，引起学生的联想，为学生探索提供丰富的表象和素材，形成能促进学生用数学思想进行深入思考的教学情境，唤起学生已有的经验，唤起高峰学习体验，实现对知识的深刻领悟和对方法的全面掌握。

第二阶段：借助学生对问题的探究，引导学生完善自己的探索成果。

分析、探究问题的过程是对学生进行思维训练、能力训练的一个过程。在此过程中，学生需要进行适当的运算，以提高运算能力，同时需要运用逻辑思维能力，在分析探究问题的过程中得以提高。

第三阶段：借助探究问题中的质疑解决问题。

问题的发展是指在课堂上设置的问题已经获解的情况下，在设置问题中的新问题、新知识点的基础上，对问题进一步探究而提出新的问题作为问题。这充分体现了数学思维的深刻性、批判性和创造性。

解决问题是高中数学中一项适当而且重要的活动。科学研究表明，在数学课堂上，所学到的一般解决问题的技能，在某些情况下能够迁移和运用于解决问题的其他场合，在课堂上学会了那些用于解决问题的原理，比那些还没有用于解决问题的原理更有可能迁移到其他解决问题的场合。由此可见，这也是数学素质教育的一个目的。问题的解决是在分析探究的基础上进行的。

第四阶段：借助对问题的探究和解决，运用于练习和实践中。

在前面 3 个阶段中，我们已解决了问题的思考与论证，明确了概念、原理，然而，尽管学生会证明这个定理或记住了某一些概念，这还不能说学生已经弄懂了，实际上在懂与不懂之间还有广阔的"灰色"区域。在人的头脑中，对一个概念的认识仍然存在着知与不知的矛盾运动，从而体现了认识的辩证性，因此课堂上学生对知识的应用练习是非常必要的。这里，老师要特别引导学生注意模型建立的条件，并进一步引导学生分析改变条件结论可能产生的变化，注意运用化归思想，使之满足模型条件而解决问题。

三、自主学习教学模式

（一）理论基础

什么是自主学习？北京师范大学的程晓堂认为，自主学习是一种学习模式，即学生在总体教学目标的宏观调控下，在教师的指导下，根据自身条件和需要，制定并完成具体学习目标的学习模式。当然这种学习模式有两个必要前提，即学生具备自主学习的能力和教育机制提供自主学习的空间。实际上，自主学习的能力和自主学习的条件都是自主学习模式的组成部分。

（二）操作程序及建议

根据高中生的学习以及数学学习的特点，高中数学中自主学习教学模式可分为以下 9 个环节。

第一步：激发学生的学习动机。

激发学生学习数学的积极性，是数学教师首先要做的事情，因为强大的内在学习动机是学习成功的关键。只有当学生认为他具备学好数学的能力时，他才有可能排除一切困难学习数学。激发学生的学习兴趣可以从以下几个方面进行：在新课程学习时，可以通过实际例子引入新知、通过直观的事物引入数学知识、做实验猜想出新知、设置悬念引出新知、类比导入引出新知、讲述历史故事引出新知等。在教学过程中，可适当设置竞争情境，提高学生学习的积极性，同时启发、引导、鼓励学生提出问题，注意生活中的数学问题，将所学的数学知识应用到生活中去。在课后，找同学谈心，了解他们的学习和思想状况，特别要鼓励学习较差的同学树立学好数学的信心。

第二步：教师与学生确定学习目标。

在现行的学校教育条件下，因为学生必须在规定的时间内完成课程标准规定的学习任务，所以，在课堂上他们的学习目标大多数是由教师确定的。在刚开始实行自主学习教学模式时，教师要为学生编写自学辅导提纲，把学习目标细化，对知识的理解、掌握、运用的要求程度都要明确指出，如要求掌握的知识要点、定理、定律，要求完成的练习等。自学辅导提纲的内容一般为学习的基本内容和要达到的标准、对学习步骤和方法的提示、自学练习题。编写的自学辅导提纲要有利于学生回忆和应用已有的知识，要遵循学生学习和思考的顺序，要有利于学生掌握学习策略，能够让学生在自学提纲的引导下去看书学习，真正起到辅导作用。我们之所以强调教师与学生共同确定学习目标，是因为目标制定应根据学生的知识、能力、兴趣爱好等，同时自主学习教学模式就是要学生学会自我调控、学会学习、掌握知识，所以教学目标不能由教师单方面来确定。而且，教师要照顾自主学习能力水平较差的同学，给他们更多的帮助，对于自主学习能力强的同学，可以鼓励他们超前学习，在完成本节课学习目标的基础上，制定更高的学习目标。这样，将个体的学习目标与整体的学习目标结合起来，学生的学习就不会走错方向。

第三步：学生围绕学习目标自学。

确定了学习目标之后，就可以要求学生开始围绕制定的学习目标来学习，这是培养学生独立获取知识和技能的主要环节。在自主学习教学模式试行初期，教师可以带领学生一起阅读教材，特别是比较长、附加条件较多的概念定理，引导学生找出其中的关键词，多方面、多角度地理解所学的知识，并且在重点的、易错的地方标上记号。在自学过程中，学生根据所学的知识做相应的自检题，自检题一般为课本后面的练习题，这些题目多数是一些基础题，这样有利于学生及时了解自己的学习状况，调整学习速度，同时有利于提高学生的自我反思能力，有助于以后的学习。在这个环节，要给学生充足的时间，特别是在刚开始的时候，不要为了赶时间而忽略了培养学生自学能力的机会，因为当学生的自主学习能力提高之后，他们掌握知识的效率会比以前大大提高，所以很有必要给学生充分的自学时间。教师在这个环节的作用是鼓励、督促学生学习，特别是对基础薄弱、自控能力较差的同学可以给予个别辅导。

第四步：自学检查。

在学生自学之后，教师可就教学目标出示预先准备好的检查题，通过学生的作答情况，为组织学生讨论和教师的重点讲解做好准备。练习题可就一些学生容易出错的重点、难点问题，通过变式的方式给出，教师巡查，了解学生的解题情况，掌握反馈信息，对基础较差的学生加以辅导。

第五步：讨论。

通过自学检查，教师可以知道学生哪些方面达到了目标，哪些方面没有达到目标。这时，教师不要马上讲解，而是通过投影展示巡视中发现的典型问题，包括正确的和错误的，引导同学讨论。当然，在讨论过程中，除了师生的讨论，还应该有学生之间的讨论，使得在有限的时间、空间里，不同的思想可以在交流、碰撞中互相启发、升华。通过交流，克服了传统教学中信息交流不通畅的弊病，使学生看到自身的价值，增强了合作意识，提高了学习兴趣。此时教师的作用是讨论的参与者和促进者，同时，教师也要对学生在这期间的表现给予评价。

第六步：教师重点讲解。

通过教师和学生之间的讨论，有的问题可以得到圆满的解决。有的问题因为学生的认知水平有限尚不能解决，这时候就要教师讲解，帮助学生建立知识体系，对一些重点、难点提供解决的策略、方法，以及记忆的经验技巧，以便学生学习运用时少走弯路，提高学习效率。此时教师的讲解不是传统意义上的讲解，而是高效率、高水平的具有很强针对性的"精讲"。教师的讲解针对重点和难点，讲解要结合题目，侧重于知识的结构和逻辑关系，重点讲解策略性的问题。

第七步：练习巩固，教师个别辅导。

实践表明，练习巩固有利于学生把习得的知识转化为技能或者进一步熟练习得的技能，同时也能培养学生运用所学知识解决问题的能力。在这个环节，教师要把握好练习的难度，可以比前面的练习稍微难一些，使学习走向深入。此时教师要巡视，重点辅导学习有困难的学生。

第八步：学生反思、小结。

在练习环节过后，给出练习的正确解答，让学生对自己的学习进行自我评价，主要内容为：对概念定理是否能熟记、理解、掌握；对老师的讲解是否了解、掌握，以便在课后及时寻求帮助解决遗留问题；同时反思本节课所学的内容，包括陈述性知识、程序性知识、策略性知识，教师引导学生用结构图、表格、记忆术语等办法来进行小结。

第九步：布置课外作业。

布置课外作业是不可缺少的环节，很多学生正是因为忽视课外的复习练习，不能及时对所学的知识进行复习、总结，从而导致学习效果不佳。学生通过练习，能及时将所学的知识应用到解决问题之中，同时也培养在自主学习中应用社会性资源和物质资源的能力。

四、学习—活动—再学习教学模式

（一）理论基础

一个人的学习知识过程是学习—活动—再学习的一个不断循环、不断创新的过程，本模式就是基于这样的循环而提出的。笔者认为，在知识转化为学生学习能力的过程中有一个断层，那就是缺少必要的活动过程，学生没有充裕时间去消化吸收知识的精华，没有开展活动就进入下一阶段学习，致使学生始终处于被动状态，即学习能力转化问题较弱。为此，笔者带着这些疑问进行了一定的学习研究，总结出了较为有效提高学生素质的教学模式，即学习—活动—再学习，这种教学模式符合马克思主义的认识论观点，符合学生对终身学习的要求，符合学习型社会发展要求。

第一，学生的学习能力有了较大的提高。

由于学生的知识掌握主要是通过自己的心智活动获得的，因此掌握的知识更加扎实牢固，理解也较深刻，应用知识时就比较自如，记忆力也得到提高。因此，学生普遍反映，学习能力有了较大的提高，许多学生不再害怕学习数学，而是根据自己的特点，寻找适合自己的学习方式，从而提高了学习兴趣。采用学习—活动—再学习教学模式，克服了传统教学中以教师为中心的局面，充分体现了以"学生发展为本"的现代教育理念，使教的活动更加适合学生学的活动，帮助学生建立起适合自己的学习方式。教是为了让学生更好地学，激发学生的学习潜能，而不是灌输书本知识，通过教使学生的智能和心理得到健康和谐的发展，让学生在学习活动中体验到学习的乐趣。

第二，培养学生科学的学习态度和学习方式。

学习—活动—再学习教学模式，增强了学生的"活动"能力，使学生交流机会增加，要求学生阅读的内容增多，兴趣相应扩大。许多同学自费订阅了各种数学杂志，以供交流使用，对于一些不甚理解的内容、方法，教师要求学生上网或到图书馆查找资料，从而培养学生科学的学习态度和学习方式。知识的获得不仅仅来源于书本，同学之间的交流往往也能产生新知识的火花，通过交流，学生互相学习，取长补短。各种不同形式的"活动"

增强了学生们的自信心，使智力和非智力因素和谐地发展。

第三，建立了新型的师生关系。

由于采用学习—活动—再学习教学模式，教师要善于将书本中的知识进行"问题化"处理，因此教师必须钻研教材，研究学生，提出适合引起学生兴趣的问题，从而使学生有充分表现的机会。教师要善于从学生的回答中捕捉正确合理的分析、推理，给学生一个恰当的评价，对于回答的错误之处，教师要及时地加以引导、反馈、纠正。因此，教师必须具有扎实的基本功、深厚的理论基础以及高超的处理课堂教学的艺术手段，使课堂教学适合学生的发展要求。教师必须从学生的思路、角度去思考问题，想学生所想，这样，师生的交流才能更加融洽，感情上容易产生共鸣，从而使师生关系更加密切，建立一种全新的信任关系。

（二）操作程序及建议

学习—活动—再学习教学模式分 3 个层次，形成了一个良性循环、不断深化、创新的过程。

第一个层次：学习。根据现代认知论观点，当学生学习新知识时，需要有一个直觉过程。因此，在进行新知识学习时，要求学生先预习课本知识，让学生对新知识有一个初步了解，通过"读"书来体会知识的体系与网络。阅读能力直接影响学生的理解力，从而对智力产生影响，"读"是学习的先决条件，预习是学习能力培养的第一步，务必让学生在新课前进行，使学生提前进入学习阶段，带着"问题"进入课堂。针对不同程度的学生，预习要求也不一样，基础较差的学生只要求其读一遍教材，能简单地模仿，尝试做课后练习题即可。对基础较好的学生，要求其基本独立处理一些较难的练习题，加强知识的应用，用不同方法处理习题，使知识形成网络，从而提高学习能力。总之，第一层次的学习要求学生主动地、积极地参与，从而为教学活动做好充分准备。

第二个层次：活动。数学教学最好的方法就是让学生做。这个层次充分让学生开展活动，个体、小组、全班学生可以以不同形式开展活动，教师根据教材要求，将教材进行"问题化"处理，使问题符合学生的实际学习情况，让学生充分发表不同见解，尽可能将学生的想法充分展示，并及时加以激励、肯定，提高他们学习的主动性和积极性，激发他们的创造能力。

活动应当成为教学的中心任务，在活动中要求不同程度的学生都能发表意见，活动可以是以学生讲为主，教师参与讨论，最后教师总结、指导，并有目的地引导学生发言；或者师生共同准备问题互相交流解法，师生取长补短；也可以是教师通过一题多解，加强知识联系，让学生在理解知识的基础上进一步加深理解，为形成能力创造良好的环境。活动是这一教学模式的中心。

第三个层次：再学习。这个层次是提高学生学习能力的关键，让学生将所学知识进行体验回顾，进行"内化"，把暂时记忆转化为永久记忆加以储备，形成知识网络。只有通过应用，才能鉴别学生是否真正掌握了知识。在真正掌握知识后，学习的知识才能转化为"活的知识"，才能提高学生素质，从而为创新能力的培养提供良好的养料。

第五章　新课程下高中数学教学创新

第一节　高效课堂教学实践

一、新课程对高中数学课堂效率的要求

对于如何创建好高效的高中数学课堂教学模式，新的课程标准要求学生、教师之间通过数学活动进行互动、交流，从而得到共同、全面的发展。针对如何在有限的课堂活动时间内，促进学生对数学知识的理解、对数学方法及思想的掌握并能灵活应用，使学生在数学认知能力和思维发展方面得到较大的提高，学生能够在学习中愉快地接受数学知识并加强挑战与提高竞争能力，新课程标准下要求高中数学课堂在实施过程中应把握好以下几个方面。

第一，教师对教学目标必须明确；第二，学生能够自主预习并在预习过程中发现问题；第三，小组内部、小组之间对发现的数学问题可以进行合作学习；第四，结合课堂实际能对课堂知识加以拓展延伸；第五，师生能够对当堂课的课堂活动进行总结与评价；第六，生活数学与数学在社会生活中的价值得到体现。因此，在一线从事高中数学教学的教育工作者，需要在数学课堂上深刻地贯彻这些理念，这样才能让新课程目标顺利实现，让学生成为真正的受益者，最终让我们的教育得到更好的发展与进步。

新课改之后，新课程标准对高中数学高效课堂提出了以下几个方面的标准。

第一，教学目标层次性。明确教学目标是高效课堂的前提和依据，根据高中数学教材的难易程度和学生的水平分层次设置基础目标、发展目标和高层目标。

第二，教学环节完整性。情景设置要生动，课堂活动中学生要积极主动地参与才能使课堂教学高效，教法指导要具体，课堂小结要有规律，创新作业要有拓展。

第三，教学评价激励性。课堂教学的主体是学生，关键要通过激励学生来提高学生的

学习积极性。激励又分为负效应、点效应、短效应及长效应。负效应即教师行为失态，教学失控，讲课时无人理睬；点效应指的是只对个别学生进行有效激励；短效应指的是只对部分学生在短时间内进行有效激励；长效应指对学生长期进行有效激励。教师要避免负效应和点效应，优化短效应和长效应。

第四，教学过程自主性。学生在教师的积极引导、点拨过程中，可以积极主动地参与到课堂活动中来，使教师、学生之间保持一个有效互动过程。

第五，教学氛围和谐性。指课堂的氛围和情调，良好的氛围可以促使学生更好地学习。在老师的指导下学生只有动手、动脑、互动，才能达到新课改的要求。教师应当充分理解学生并能对他人的教学结果进行反思，通过课堂参与让学生获得对知识学习的积极体验与感受。

二、高效课堂的相关定义

（一）高效的定义

高效是对课堂教学活动实现的质量与价值的判断，是在教学活动中效果、效率、效益达到最大化的状态。教学效果是针对现实的教学活动结果和预期的教学目标吻合程度方面的评价。教学目标不是一成不变的，是会随着教育价值观等的发展而发生变化的，教学目标是现阶段基础教育教学的目标，不带有永恒性。教学效率往往用经济学的方法表达：教学效率=教学产出（效果）/教学投入，或教学效率=有效教学时间/实际教学时间。教学效益是指在教学活动中的收益和教学活动的价值的全面实现，换句话说，就是指对既定教学目标与特定的社会和个人的教育需求吻合程度方面的评价。社会和个人的教育需求不仅仅包括学生的需求，还包括教师、教育资料等课堂构成要素的需求，是比较广泛的。高效就是指这 3 个方面都达到最佳的状态，即课堂教学活动的理想状态。

（二）高效课堂

高效课堂是指在常态的课堂教学活动中，通过教师的正确引导和学生积极主动的思维过程，在单位时间里高效能、高效率地完成既定教学任务，促进学生能力发展最大化的课堂教学模式。高效课堂的基本要求：教学设计得当、教师讲课精炼有效、学生的主体作用充分发挥、分层教学落实到位、师生关系和谐融洽、教学目标与预期效果较一致。高效课堂的关键是学生，围绕这个关键重新构建两个关系：由传统课堂教学关系中的"唯教"到"唯学"，由传统课堂上师生关系中的"唯师"到"唯生"，也就是教师的目标在于服务学生的成长，课堂上最宝贵的教学资源是学生，"两唯"中的核心是学和学生，倡导让学习发生在学生的身上。高效课堂应具备三大特性：主动性、生动性和生成性。高效课堂是把新课标的三维目标加以具体化变成可操作的，即实现了从知识到兴趣，再到能力提升，最终达到智慧的飞跃，简单地说，是立足于"学会""会学""乐学""创学"。高效课堂在追求"四维目标"的基础上，实现更高层次的教育模式，即要求超越原有的知识技能、过程方法、情感态度价值观的三维目标，提升到通达智慧的层面。要求的正是智慧，如果课堂只能给学生知识却不能最终形成智慧，那课堂纵然能够实现"三维目标"，仍旧是有缺陷的，而高效课堂恰好能够较好地补上这个漏洞。高效课堂把"自主、合作、探究"当作研究重点加以阐述和发展，在课堂环节上要求做到有"预习、展示、反馈"，在学习方式上转变为"自学、互学、群学"。高效课堂的核心是"学习能力"的提升，因而高效课堂认为素质教育的"素质"的主要内涵就是学习能力，课堂教学一旦仅有知识而离开了对学习能力的培养，这样的课堂教学就是低层次的甚至是应试的课堂教学。高效课堂倡导以培养学生的学习能力为出发点，锻炼学生的自主参与能力，让学生能够动起来，与知识直接对话。这个过程就是"学习"，学习就是经历，即要经历失败、反馈、矫正。

三、高中数学高效课堂的构建

（一）高中数学高效课堂模式的内涵及具体阐述

高中数学高效课堂，结合高中数学的以下几个特点，即教学内容和方法的抽象性、严密的逻辑性、知识的系统性和运算的准确性，使学生能够通过课前预习，对课堂所学知识有充分的掌握，在课堂上解决自己所遇到的疑问，而课后则是对课堂知识巩固，将课内与课外进行完美的结合，达到真正的高效课堂。

教学模式就是结合学生的特点和教学素材、目标的特点，在科学的教学理论指导下，设计出合理的教学过程，并给出相应的教学策略和教学方式。教学模式把教学理论抽象出来结合具体的教学经验，为教育工作者提供有效的教学策略和方法。

以上两个概念结合高效课堂的概念，就得到高中数学高效课堂教学模式的含义，即在每一节数学课上，要结合数学学科的特点，为达到学习效果的高效，设计出的教学过程结构及其相应的教学方式、教学策略。

它的具体阐述如下：

将一节课 45 分钟大致分为三大块，时间划分比例为 5：1：2。

第一环节大概占半个小时时间，此环节要围绕学习目标，由教师组织，各小组学生充分展示互动，产生大讨论，此环节是本节课的主体。展示课上教师要设计恰当的情景引燃学生的激情，激发学生求知的欲望。

展示环节的主体是学生，是学生与学生相互提出问题、小组合作讨论问题、得出结果展示问题的重要环节。在这种课堂上，每个学生都是平等的，每个学生都有发言权，每个学生都能有自己的想法，每个学生都能说出自己的想法。这是一种充满竞争而又非常和谐的课堂，这是一种充满活力、充满生机的课堂。教师要对学生活动及时做出评价，及时引导、点拨学生。教师要尊重每一个学生，要根据学生的课堂表现，灵活地做出调整。展示环节不仅是对知识的展示，更是对知识的升华。

此环节的展示内容主要是针对新知识预习情况的一个反馈，小组可以通过讲解、小品、相声、话剧、情景剧、快板、歌谣、打油诗等不同的形式把知识展示出来，共同分享学习成果，其中还有学生的点评、纠错、总结。对于一节展示课来说，在短短的半小时内，有如此多的学生参与，有如此多的思维碰撞，有如此多的情感体验，再加上老师的有效点拨、积极评价鼓励和学生的即兴发挥、临场应变，无不显示出这节课的和谐和高效。

中间环节大致 5 分钟，这个环节的主要任务就是反馈，进一步检查落实情况，全面提升学生的知识、能力、情感等。根据当堂所学内容灵活进行检测，使学生对知识掌握得更牢固。

最后 10 分钟查漏补缺，根据不同课堂的进度及难易程度，此环节时间比较随机，可由老师及学生随机分配，以达到数学课堂的真正高效。

（二）高中数学高效课堂模式的标准及原则

《义务教育数学课程标准（2011 版）》基于将数学的内涵建立在广义的文化意义上，进而对数学课程的性质和课程目标做出全新的定位。围绕数学课程标准的十大理念，制定高中数学高效课堂教学模式的标准，这是广大教师必须明确的。在实施高效课堂教学模式时要遵循以下几个重要原则。

1. 科学性原则

数学本身就是一门科学，根据数学的含义可知，数学是关于量的科学，数学是关于演算的科学，数学是关于论证的科学，数学是关于模式的科学。任何模式的实施都必须以科学性为前提。构建高效课堂教学模式的理论、流程以及课堂所用的教案等都必须是可信的、科学的。模式的实施过程必须符合学生的认知规律，以先进的教育理论为指导，教学目标要明确，教学内容要准确，教学重、难点要突出，教学设计要符合学生的认知与能力。教师掌握科学性原则不仅可以树立正确的数学观和数学教育教学观，还可以把这种数学教育的价值传递给学生。所以，教师在应用高效课堂教学模式时无论在程序的实施上还是内容的选择上一定要有科学性。

2. 创新性原则

创新已成为现代教育的代名词，高效课堂教学模式正是为了提高课堂效率，改变以往以老师讲解为主的灌输式教学模式，建立以"老师为主导、以学生为主体的"课堂教学的教学模式。教师在教学过程中的模式、方法、活动要有所创新，更重要的是要注重培养学生的创新意识。这种意识的培养正是数学教育的重要任务，在平时数学教学中要重点体现出来。数学创新意识是在建立了一定数学知识体系和数学方法体系之后所形成的一种数学发现意念或动机，是一定数学情境下的灵感，为了更好、更有效激发学生的创新意识，教师在教学过程中应做到以下几点：①激发学生的问题意识。教师要根据所授内容，提供一些利于学生思维发展的问题情境，引导学生多思考、多提问，还要有效引导学生，使他们积极主动地去解决提出的问题，从而培养学生解决问题的能力。②注重学生的合情推理。教师在教学过程中要启发学生去考虑知识的来龙去脉，引导学生观察材料，通过类比、分析，归纳、概括和猜想规律，进而合理地加以验证。③发展学生的思维模式。教学过程中，教师要给学生足够的空间，让学生思考数学知识及数学方法，交流自己的想法，总结得出结论，布置任务要适度，要布置符合学生能力的任务，让学生不断体验成功的喜悦。最终，学生能形成自己特有的思维模式。

3. 趣味性原则

高中数学是一门逻辑性非常强，并且非常抽象的学科，课堂是学生获得知识的重要场所，教师应该在课堂的方方面面提高趣味性，把学生的兴趣吸引过来，让学生都喜欢上数学。教师在教学过程中应该做到以下几点：①创建温馨和谐的课堂。学生只有在轻松、和谐、温馨、平等的环境下，才能提高学习兴趣，才能促进思维发展，才能对数学充满热情。②教师诙谐幽默、平易近人。学生都喜欢诙谐幽默的老师，老师的幽默感可以驱赶数学课堂的沉闷乏味，可以打开学生的思维，活跃课堂气氛，从而可以促进数学高效课堂的顺利实施。

4. 情感性原则

情感是人对客观事物的内心体验，也是对客观事物是否满足主观需要的评价的反映。传统的课堂模式过于注重知识的传授，忽视学生情感的体验。实施新课改以来，越来越多的教师和课堂开始重视学生能力的培养和情感态度与价值观的培养。每节课的学习目标都是三维目标，都会体现每节课的情感态度与价值观。教师在教学过程中应该做到以下几点：①不但重视在学习过程中引导学生进行积极的情感体验，还要从数学学习之外的活动中不断寻找体验的源泉。②重视学生在数学学习中不断探索、猜测，培养学生积极科学的态度和观念，丰富学生数学学习的情感体验。③不仅要使学生养成独立思考的习惯，还要培养师生之间、生生之间的合作学习，让学生体验自学、对学、群学的不同感受。

5. 参与性原则

现在课堂教学提倡以学生为主体，老师为主导，课堂上要充分调动学生的积极性，让学生全身心投入课堂中去。只有学生主动参与到课堂中去，才能实现真正的高效课堂。学生的主动参与，不仅能激发他们的学习兴趣，还能提高他们的学习效率，培养他们积极向上、充满自信的生活态度。

6. 教育性原则

教师的职责不仅是教书，更重要的是育人。我们所实施的高效课堂教学模式不是为了让课堂有多么的华丽、多么新奇，而是想利用这种模式创建一种温馨和谐的环境，能够让学生在这种模式下发现自己的优点，找准自己的定位，能够在每一节课上都体现出自己的价值，能够在合作中学习知识，能够在探究中完成任务，能够让师生之间互相尊重，学生之间互相帮助，能让学生感受到整个班级就是一个集体、一个家庭，把每一名学生都培养成充满自信、积极向上的好人才。

（三）构建高中数学高效课堂的策略

构建高中数学的高效课堂，需要教师准备的和学生做的内容非常多，可以从以下几个方面做起。

1. 教师的高效教学

（1）准确把握课堂容量。高中课堂一节课就是 45 分钟的时间，一节课的课堂容量有多大，需要我们准确把握。课堂容量就是教师在课堂上讲解的内容量。对教师来说，课堂容量越大，越容易完成教学进度；对学生来说，课堂容量越小，掌握知识越彻底，理解课堂内容越准确。准确的课堂容量有一个标准，就是一个学期的教学进度，分解到每节课中的内容量。它应该是教师的课堂容量的最小值，否则就不能完成教学进度。每一个学生每一节课都有一个可接受的最大容量，这个最大容量就是教师的课堂容量的最大值，超过这个容量，学生接受不了，教师讲了等于没讲。如何把二者有机地结合起来，找到二者的一个平衡点，既能完成教学进度，又能让学生很好地接受，是每一个教师应该考虑的问题。这个平衡点，就是这节课的准确的课堂容量。

教师首先要在学期开始就对本学期的教学计划和教学进度做到心中有数，并且将教学进度细化到月、到周、到日，这是教师讲课的标准容量，课堂容量或大或小都不能偏离它太远。然后区分教学内容相对于本班学生的学习难度，最好对每一周、每一节课的难度都心中有数，这样教师就可以根据学习难度合理安排教学容量，学习难度低一些的可以增加容量，学习难度高的可以让容量减少一些，也可以将学习难度高低搭配，让每个课堂都有起伏，每一节课都充满激情。教师还需要了解学生课堂能接受的最大容量，教师的课堂容量以不超过学生课堂能接受的最大容量为前提。所以教师需要经常与学生沟通，了解学生的学习情况，了解学生学习的第一手资料，不间断地批改学生的作业，了解学生对课堂内容的接受程度和接受潜力，需要不断地有意识地改变课堂容量，观察学生的课堂最大接受容量。课堂容量不是一成不变的，要根据学生的课堂反应随时进行调整，根据学生的变化而发生变化的课堂才是高效的课堂，这样的课堂容量才是准确的课堂容量。

（2）高效组织课堂教学活动。教师在课堂上高效地组织教学是决定课堂高效的主要因素之一，那么教师应该如何来组织课堂教学活动呢？

学习是学生的事情，是其他任何人包括教师在内都不能代替的，只有学生自己才能解决，所以有效地调动学生的学习积极性就是高效地组织教学。高中数学是一门理论性比较强、比较抽象的学科，和现实的实践生活联系不多，要想调动学生的课堂学习积极性，就需要动脑筋想一些方法。

（3）有效的教学方法。教无定法，教无常法，只要学生接受，就是有效的教学方法。教师也不能只有一种教学方法，随着教学内容的不同、学生的不同，教师要采用不同的教学方法。但是教育教学是一门科学，是有规律的，是有方法的，哪种教学方法更有效，可以从以下几点来探讨。

第一，不管采用哪种教学方法，都要以学生为中心，这是素质教育的要求，是信息时代的要求。现代社会已经进入信息时代，各种新知识、新技术、新学科层出不穷，在学校学习的内容只是人生所要掌握内容的一部分，在学校的学习必须要为离开学校后的学习提供方法。这就要求教师在学校不仅要教给学生知识，还要教给学生如何掌握知识。只有以学生为中心，围绕学生进行教学，以学生为主体，才能达到这种要求。教师在课堂上不管采用发现式教学法、启发式教学法、合作教学法等哪一种教学法，都要围绕具体学生的思维逻辑特点进行教学，制造有利于学生学习数学的教学情境，帮助、启发学生进行知识的再发现、再创造。教师不仅是知识的传授者，也是学生学习的引导者、组织者和合作者，从某种意义上来说，后者的意义更加重要。学生之间的组织、合作能力与学生的再发现、再创造能力就是学生的素质，是学生离开学校后立足社会的关键。

第二，每个班级里都有几十个学生，每个学生都有不同的思维逻辑特点，都有自己的学习方法，都有自己的学习之路，教师要因材施教，根据学生的特点进行教育。课堂上只有一个教师教学，只能讲解一遍，几十个学生听同一节课，怎么因材施教呢？这就要求教师充分了解班内的每一个学生，课堂上所讲内容尽量适合大多数的学生，或者是适合所有学生的大多数内容，剩下的少部分内容或者少部分学生可以利用作业或课余辅导来解决。

2. 良好的课堂环境

（1）愉快高效的课堂氛围。课堂氛围是课堂教学的土壤，只有土壤肥沃，成功的种子才能茁壮成长。教学，就是教与学，教师的教，学生的学，无论是教还是学，都要在课堂氛围这个环境中才能生根发芽。课堂氛围也需要教学双方当事人——教师和学生来共同创造、共同维护，二者缺一不可。

（2）和谐的师生关系。金无足赤，人无完人，教师和学生都是普通人，都有普通人身上的缺点和短处，如果把这些都看在眼里、记在心上，教师和学生之间就没有办法相处，也不可能互相学习了。

如何使教师和学生之间和谐相处呢？这就要求教师和学生都要互相谅解，互相包容。教师要习惯于学生有缺点，没有没有缺点的学生，教师都希望自己教的学生聪明、勤奋、遵守纪律、尊敬师长，事实上是不可能的。"龙生九子，各个不同"，更何况班内的学生来自各个不同的家庭，有不同的家庭教育背景。高中是一个中间教育阶段，是小学、初中教育的延伸。高中生是一个半成品，带着小学、初中教育的各种习性，经历过不同学校、不同班级的管理、培养，经历过许多教师的不同教学风格的学习，也经历过许多教师的不同管理风格的熏陶，很多学生的学习习惯、学习方法、学习思维已经形成，已经非常习惯于某一种管理模式、某一种教学方法、某一种学习方法，不同学校的学生、不同班级的学生、不同教师教过的学生的习惯是不一样的。这些事实，教师要看在眼里、记在心里，对这一切要坦然地接受。

3. 学生的高效学习

（1）充分的课前预习。充足的课前准备是课堂高效的前提。教师要为学生布置明确的预习作业，让学生的预习活动变得充实而有效，防止预习不到位而引发课堂教学阻塞。进入高中伊始，学生面对繁重的数学课堂学习会有一定的畏难情绪，教师要利用课前预习环节，引导学生通过自主学习掌握一些基本概念，比如，映射、集合、函数等，让学生了解这些概念之间的关系，以及它们之间的异同。学生在充分预习的基础上，会对教师的讲解分析有更清晰的认识，同时，也能与教师的教学思路保持一致，不至于被某个小问题绊住，阻碍学生思维的发展。这样课堂教学效率自然能够得到保证，高效课堂也有了必要的基础。

（2）全程参与。无论教师的讲解还是学生的交流合作、探究发现、做题反思，都需全程参与，以达到更新旧知、构建新知识体系的目的。

（3）高效的学习方法。学生的学习方法是在教师的指导下，根据自身的思维特点和学习习惯，在潜移默化中培养起来的。由于每个学生的外部环境、自身特点存在差异，因而他们的学习方法也不尽相同。为此，教师要结合所学内容的知识特点和学生的个体差异，有针对性地指导每个学生采用适合自己的学习方法。

（4）师生互动，培养学生创新思维能力。教师的"教"和学生的"学"是相辅相成、相互作用的，在课堂上还应强化师生互动，努力培养学生的数学思维能力和思维品质，提升学生的思维创新能力。同时，加强发散思维训练，培养学生的创新能力，打破墨守成规的思维定式，培养学生的创造性思维意识与能力。教师可通过一题多解和一题多变的方式来培养学生的发散性思维，在教学中用一题多解可变单向思维为多向思维，这一方法对培养学生思维的灵活性和创新能力是比较有效的。

第二节　信息技术与数学教学有效整合

一、信息技术与高中数学教学整合的现状

自 2008 年我国教育部提出"班班通、堂堂用"的明确要求后，以"班班通"建设为代表的新一轮信息化环境硬件建设已在全国范围内基本完成，但硬件的建设完成，并不代表应用水平的提高。就目前数学教学的现实而言，还不能认为已经实现了信息技术与学科教学的有效整合。现代信息技术的应用在很多情况下，还是以以教师为中心的传统教学模式加现代化手段为主。

目前公认的信息技术教育应用大体经历了 3 个发展阶段：计算机辅助教学（CAI）阶段，主要是利用计算机的快速运算、图形动画和仿真等功能辅助教师解决教学中的某些重点、难点问题，大多以演示为主；计算机辅助学习（CAL）阶段，计算机的教育应用逐步从辅助教为主转向辅助学为主，也就是强调如何利用计算机作为辅助学生自主学习的工具；信息技术与课程整合（IITC）阶段，在这一阶段，通过将信息技术有效地融合于各学科的教学过程来营造一种信息化教学环境，实现一种既能发挥教师主导作用又能充分体现学生主体地位的以"自主、探究、合作"为特征的教与学方式，从而把学生的主动性、积极性和创造性充分地发挥出来，使传统的以教师为中心的课堂教学结构发生根本性变革，由以教师为中心的教学结构转变为"主导—主体相结合"的教学结构。

二、信息技术与高中数学教学整合的意义

首先，高中数学教学与信息技术整合有利于丰富教学资源。在高中数学教学中，由于数学自身具有较强的抽象性，学生在理解的过程中会觉得难度较大，在与信息技术整合之后，教师可以利用信息技术中的百度等搜索引擎获取相关的资源，从而为学生在对数学知识进行理解的时候提供帮助，而且还可以利用信息技术加工数学资源。

其次，有助于演示和展示数学知识。将高中数学教学中的教学内容利用信息技术展示

出来，可以增强教材的灵活性，打破传统教材的局限。如在圆锥曲线教学过程中，教材中的图形都是不可以变动的"死图"，二次曲线的形成过程很难通过这些图形看出来，而且由于受教学中黑板、教师的画图技术等限制，导致很难将其形象地画出来，这就给学生的理解加大了难度，而在数学教学和信息技术整合之后，教师在讲解这方面内容的时候就可以使用多媒体技术生动展示出圆锥曲线的形状变化等情况，而且还可以把看似不相关的双曲线、抛物线、椭圆之间的内在联系形象地演示出来，以此来使学生掌握更多的数学知识。

最后，有利于加强学生之间、师生之间的交流合作。教师和学生可以利用信息技术的通信功能、交流功能等进行交流，针对学习中遇到的难点共同探讨，使学生及时地解决学习中的疑难问题，提升学习质量。

三、信息技术与高中数学教学整合的策略

（一）坚持整合的基本原则

信息技术整合高中数学教学的基本原则有 3 个方面。首先，将信息技术与传统教学方式相结合，实现两者的优势互补，从而促进信息技术的高效利用。其次，对知识点的重要性进行划分和整理，帮助学生建立良好的学习顺序。最后，加强教师与学生的沟通交流。因为教学活动是教师和学生共同完成的，所以两者间的互动对教学质量有很大影响。

（二）使用连续化和动态化的图片教学方式

在高中数学教学的过程中，数学知识的抽象性较强，学生对数学教学中的图片一般有很浓厚的兴趣。但是在图片处于静止状态的时候，学生很难将注意力完全集中到图片上，所以要让图片尽量保持动态化和连续化，从而保证学生有效地完成相关知识的学习。

（三）让学生的主体地位得以体现

学生是教学活动中的主要参与者，其在教学活动中占有绝对的主体地位。而在教师开展高中数学教学的过程中，经常会忽视学生的主体地位，导致学生失去对数学的兴趣，从而影响教学质量。所以，在使用信息技术整合高中数学教学的过程中，教师必须要让学生的主体地位得到较好体现，从而为教学质量的提升创造必要的条件。

第三节　基于核心素养的高中数学教学

一、核心素养

（一）核心素养的内涵

2014 年，我国教育部颁发了一系列关于课程改革的文件，要求学生进一步发展核心素养，号召教师着重培养影响学生一生的品质与能力。高中所有课程的教学重点都应落实在思考教育、体验教育以及表达教育上。思考教育就是指通过带领学生学习专业课程帮助学生主动思考、正确思考、形成反思与总结的良好习惯。体验教育就是指带领学生经历正确的解题过程、总结容易犯错的解题经验，从而让学生体会到正确的解题方法，让他们少走弯路，在具体的题目中成长与进步。表达教育就是指在课堂上抽出一部分时间来让学生们进行交流和讨论，给学生当众讲述解题步骤的机会，并指出学生解题步骤中的不足。此外，还要针对具体题目的得分点进行讲解，让学生清楚地认识到哪些题目应该写哪些内容，哪些是关键点，哪些是不必要出现在卷面上的过程以及哪些是容易被少写的得分点。总之，核心素养在数学教学方面主要表现在数学方法的应用和解题思想的形成上，从问题提出到解决过程再到错误经验总结，应不断培养学生的自主思考能力与实际表达能力。

（二）高中数学核心素养的内涵

张奠宙教授对数学核心素养是这样解释的："数学核心素养包括'真、善、美'3 个维度。通俗地说，数学的核心素养有'真、善、美'3 个维度：理解理性数学文明的文化价值，体会数学真理的严谨性、精确性；具备用数学思想方法分析和解决实际问题的基本能力；能够欣赏数学智慧之美，喜欢数学，热爱数学。""数学核心素养是指当前或未来的生活中为满足个人成为一个会关心、会思考的公民的需要而具备的认识，并理解数学在自然、社会生活中的地位和能力，做出数学判断的能力，以及参与数学活动的能力。"

高中数学新课程定义数学核心素养为学生应具备的、能够适应终身发展和社会发展需要的、与数学有关的关键能力和思维品质，由此提出了把抽象思维、逻辑推理、直观想象、数学建模、数学运算、数据分析作为高中数学的六大核心素养，它是以《中国学生发展核心素养》和数学学科的本质与特征为依据而确立的，其实这就是针对学科教学提出了一个更高层次的目标要求，体现了数学学科的本质与功能目标，也就是育人价值。那么其功能目标是什么？这里用史宁中教授的话来诠释是最恰当不过的，那就是"让学生会用数学的眼光观察现实世界，会用数学的思维思考现实世界，会用数学的语言表达现实世界"。

二、培养学生核心素养的策略

（一）精确把握数学内容的本质

作为教师自身，首先就要明确数学教材中所涉及内容的实质，这样才会让学生理解和掌握这些内容的本质，促进学生数学核心素养的提升。

（二）创设合适的教学设计

核心素养的培养过程侧重学生的自主探究和自我体验，更多地依靠学生自身在实践中的摸索、积累和体悟。因此，如何让学生积极地参与到数学教学过程中，成为我们迫切需要解决的问题。

（三）创设问题情境，培养学生问题素养，为增强学生的核心素养奠定基础

新知识教学之前，为了激发学生的好奇心，启发他们的探究思维，在课堂教学中教师要善于利用合理的情境来设疑，从而将学生带入探究活动当中，为培养学生的数学学科核心素养创造良好的条件。不同的数学知识概念需要创设不同的情境模式，并且创设的问题情境一定要科学合理。这里的"科学合理"是指：第一，要了解学生的学习情况，从而掌握学生的实际认知情况，通过分析数学知识的本质内容来创设有助于学生进行探究的合理情境；第二，设置的问题要有适当的思维量，让学生在探究的过程中有明确的探究方向与交流的需求，但是整个过程都需要学生真正付出努力才能获得收获，以便能够有效提升其数学学科核心素养。

（四）注重探究教学，增强学生探究素养，为提升学生的核心素养创造条件

高中阶段的复习课非常重要，一旦进入高三更会涉及不同的复习课程。传统的复习课是依靠教师讲解来帮助学生对知识的要点、注意点进行回忆与总结，然后利用经典的案例进行讲解，最后就是引导学生进行变式训练。实践证明，这样的复习效果并不理想，没有充分体现学生的学习主体性，学生被动解题。高三阶段复习的内容非常多而且复杂，而教师也总是害怕学生见过的题目不够多，不停地加强技能型习题的训练，从而忽视了数学知识的本质结构，导致学生在考试过程中，来不及运用教师所传授的解题技巧与方法，就已经输在知识本质的漏洞上。

（五）采用想象力语言艺术，拓展学生的数学思维，促进核心素养形成

在具体的高中数学教学中，教师如果善于使用脍炙人口的歌诀、充满时代气息以及贴近学生生活的语言，那么就能够将复杂抽象的数学定理与概念讲得更加通俗易懂，让知识更加生动形象，让学生持续处于学习的"开放期"，从而有效拓展学生的数学思维，逐步增强学生的核心素养。